Paungger / Poppe   Vom richtigen Zeitpunkt

Inhalt

Vorwort zur Jubiläumsausgabe 9

Vorwort 12

aus: Vom richtigen Zeitpunkt –
erschienen 1991

I Die fünf Hauptimpulse des Mondes 15

Vergangenheit und Gegenwart 15
Der Neumond 22
Der zunehmende Mond 23
Der Vollmond 23
Der abnehmende Mond 24
Der Mond im Tierkreis 24
Besondere Rhythmen 26
Die Tierkreiszeichentabelle 28

II Gesund leben, gesund werden,
gesund bleiben in Harmonie mit den
Mondrhythmen 31

Gedanken über die Gesundheit 31
Der Einfluss des Mondstandes auf die
Ernährung 34
Ist doch ein Kraut gewachsen? 42
Kräuter zum richtigen Zeitpunkt 43
Regeln für das Sammeln von Kräutern 44

Der richtige Zeitpunkt 44
Aufbewahrung von Heilkräutern 48
Einige wichtige Gesundheitsregeln 49
Thema Operationen 52
*Wie gibt man eine schlechte Gewohnheit
auf?* 54
Besuch beim Zahnarzt 55
Die Wechselwirkung zwischen Mondstand
im Tierkreis und Körper und Gesundheit . . . 56
Widder 58
Stier 58
Zwillinge 59
Krebs 60
Löwe 60
Jungfrau 61
Waage 62
Skorpion 62
Schütze 63
Steinbock 64
Wassermann 64
Fische 65

III Die Mondrhythmen in Garten und Natur 67

Säen, Setzen und Pflanzen 70
Die Wahl der Mondphase 70
Die Wahl des Tierkreiszeichens 71
Gießen und Bewässern 73
Umsetzen, Umtopfen und Stecklinge 74
Unkraut- und Schädlingsbekämpfung 75
Vorbeugen ist die beste Medizin 75
Bekämpfung von Schädlingen 76
Bekämpfung von Unkraut 77

Johanna Paungger / Thomas Poppe

Vom richtigen
Zeitpunkt
Der Mond
für unterwegs

IRISIANA

Die Deutsche Bibliothek – CIP-Einheitsaufnahme
Paungger, Johanna:
Vom richtigen Zeitpunkt: der Mond für unterwegs/
Johanna Paungger/Thomas Poppe. – Kreuzlingen; München:
Hugendubel, 2002
(Irisiana)
ISBN 3-7205-2331-4

© Heinrich Hugendubel Verlag, Kreuzlingen/München 2002
Alle Rechte vorbehalten

Umschlaggestaltung: Zembsch'Werkstatt, München
Produktion: Maximiliane Seidl
Satz: EDV-Fotosatz Huber/Verlagsservice G. Pfeifer, Germering
Druck und Bindung: Huber, Dießen
Printed in Germany

ISBN 3-7205-2331-4

Pflanzen-, Hecken- und Baumschnitt 78
Regeln für den Pflanzenrückschnitt 78
Obstbaumschnitt 78
Veredeln 79
Eine (fast) unfehlbare Medizin für kranke
Pflanzen und Bäume 80
Jungfrautage – Arbeitstage 80
Über die Pflanzenernährung 81
Allgemeine Düngeregeln 81
Blumendüngung 82
Getreide, Gemüse und Obst 82
Komposthaufen – Recycling à la nature 83
Ernten, Lagern und Konservieren 85
Die Tierkreiszeichen in Garten und Feld 87
Fruchttag Widder 87
Wurzeltag Stier 87
Blütentag Zwillinge 88
Blatttag Krebs 88
Fruchttag Löwe 89
Wurzeltag Jungfrau 90
Blütentag Waage 91
Blatttag Skorpion 91
Fruchttag Schütze 91
Wurzeltag Steinbock 92
Blütentag Wassermann 93
Blatttag Fische 93

IV Vom richtigen Zeitpunkt in Land- und Forstwirtschaft 95

Mondrhythmen in der Landwirtschaft –
eine Übersicht 97
Mondholz 99

V Der Mond als »Helfer« in Haushalt und Alltag 103

Von Aufbaumaske bis Zimmerlüften –
eine Übersicht 104

Für die Zukunft 109

Anhang 110

Der Mondkalender –
Das einzige Werkzeug 110
Die Paungger & Poppe-Werkstatt 114
Der Mond im Internet. 116
Alpha/Omega und Biorhythmus –
Unser Leserservice 116
Mondkalender 2002–2006 118

Vorwort zur Jubiläumsausgabe

»Na, wer ein Buch mit dem Titel *Vom richtigen Zeitpunkt* schreibt, muss auch den richtigen Zeitpunkt seines Erscheinens kennen, oder?« – diese Antwort gab sich ein Journalist vor einiger Zeit selbst auf die Frage, womit wir uns den großen Erfolg unseres ersten Buches erklären.

Wir wissen es genau, der wahre Grund sind Sie, liebe Leserin und lieber Leser! Wenn Sie dieses Büchlein in Händen halten, dann haben wir ein kleines Jubiläum hinter uns, das ohne Sie nicht möglich geworden wäre. Vor zehn Jahren, im Herbst 1991, erschien *Vom richtigen Zeitpunkt* – das Buch, das der Wiederentdeckung des Wissens um die Mondrhythmen den Weg ebnete und inzwischen in einundzwanzig Sprachen übersetzt worden ist. Wir gaben und geben zwar unser Bestes, aber wenn unsere Arbeit bei Ihnen kein Gehör findet und nicht auf fruchtbaren Boden fällt, dann gibt's kein Jubiläum.

Und wie fruchtbar der Boden war und ist!

Zahllose Gärtner, Landwirte und vor allem auch die vielen unermüdlichen Balkonbauern haben aus eigener Anschauung die Wirkungen des richtigen Zeitpunkts erlebt. Und erlebt, dass es tatsächlich möglich war, auf Pestizide, Düngemittel und die Verschwendung von Trinkwasser völlig zu verzichten, bei gleichem oder höherem Ertrag und viel höherer Qualität der Erntefrüchte und Kräuter. So können echte Lebensmittel entstehen!

Heilpraktiker, Ärzte und Zahnärzte erlebten, wie das Achten auf den Mondstand zum Segen für viele Patienten geriet und viele merkwürdige Umstände bei Therapie und Heilungsverlauf erklären half. Gut vorbereitet sein ist der halbe Weg zum Ziel: In vielen Praxen und manchen Kliniken hängen unsere Mondkalender jetzt offen an der Wand und helfen mit bei der Wahl der günstigen Termine für Operationen und Therapiemaßnahmen.

Kein Waldbauer und Tischler mehr, der nicht *Vom richtigen Zeitpunkt* gehört hätte. Sie haben sich wieder darauf besonnen, dass mit Hilfe von zum richtigen Zeitpunkt geschlagenem »Mondholz« umweltverträgliches Arbeiten und die Herstellung biologischer Holzprodukte erleichtert oder gar erst möglich werden, im Innen- wie im Außenbereich. Keine Gifte verwandeln das Holz mehr in Sondermüll und belasten die Gesundheit der Menschen. Es kann bleiben, was es ist: Der schönste Werkstoff, den uns die Natur schenkt. Und auch was seine Dauerhaftigkeit betrifft, kann es wieder erfolgreich in Konkurrenz treten zu den naturfernen Werkstoffen Beton, Stahl und Glas.

FriseurInnen und KosmetikerInnen konnten mit Freude beobachten, wie die Anwendung der Mondrhythmen auch in ihrem Beruf Erfolge brachte und dass auch sie weitgehend auf den übermäßigen Einsatz von Chemie in den Produkten verzichten können. Naturkosmetik bekommt dadurch die Chance, die sie verdient. Das Achten auf den richtigen Zeitpunkt macht hautbelastende Mittel überflüssig.

Und nicht zuletzt haben die Angehörigen des am meisten unterschätzten Berufsstandes der Welt das Wissen *Vom richtigen Zeitpunkt* mit offenen Armen aufgegriffen – die Hausfrauen und -männer: Viele konnten erfahren, welch große Hilfe der Mondkalender im Alltag ist. Gerade sie sind heute absolut unbestechlich geworden gegen jeden Versuch, dieses Wissen als Modeerscheinung abzutun. Wer würde schon das beste Pferd im Stall auswechseln? Mit halb so viel Arbeit und doppeltem Spaß ein doppelter Nutzen – das spricht für sich selbst, Beweise sind dann überflüssig.

Auf Anregung des Verlages möchten wir Ihnen mit dieser Mini-Ausgabe noch einmal zusammenfassend alle Grundregeln aus unserem Buch *Vom richtigen Zeitpunkt* an die Hand geben – damit Sie dieses Wissen zu keinem Zeitpunkt im Stich lässt und immer griffbereit ist. Wenn Sie unsere Arbeit noch nicht kennen und durch dieses Büchlein erstmals damit in Berührung kommen, dann ist unser Wunsch, dass es Sie ein langes Stück Weg begleitet und für Sie nützlich wird. Vielleicht macht es Sie neugierig auf die genaueren Zusammenhänge und noch viel mehr Wissen, das wir in unseren Büchern festgehalten haben (siehe Anhang).

Den Neulingen und den »alten Hasen« unter Ihnen versprechen wir, auch in Zukunft für Sie da zu sein mit aufrichtiger Information über in Vergessenheit geratene Zusammenhänge, deren Kenntnis für die Gegenwart und Zukunft unseres kleinen Planeten von größter Bedeutung ist. Die Zukunft wird uns zwingen, das Wissen vom »richtigen Zeitpunkt« in allen Lebensbereichen wieder lebendig werden zu lassen. Warum nicht jetzt schon freiwillig die ersten Schritte tun? Wir stehen Ihnen dabei zur Seite.

Johanna Paungger
Thomas Poppe

Vorwort

aus: *Vom richtigen Zeitpunkt* – erschienen 1991

Seit vielen Jahren werde ich immer wieder gebeten, ein Wissen weiterzugeben, mit dem ich aufgewachsen bin – das Wissen um die Mondrhythmen und ihren Einfluss auf alles Leben auf der Erde, die vom Stand des Mondes und den Mondphasen angezeigt werden. Ich verdanke es meinem Großvater, der mir beibrachte, dass Gespür, Schauen und Erfahren der Schlüssel zu vielen Dingen in der Natur ist, die durch die Wissenschaft allein nicht entschleiert werden können.

Ich erinnere mich noch sehr gut an meinen ersten Vortrag. Man warnte mich zuvor, dass ich wohl mit Spott zu rechnen habe. Meine innere Überzeugung war jedoch so fest und auch die Unterstützung meiner Freunde war mir sicher, dass es mir gleichgültig war, wie viele Zuhörer mich auslachen würden. Für mich zählte nur eines: Wenn sich auch nur eine Person dieser naturgegebenen Sache annimmt, dann bleibt ein altes Wissen lebendig, das sich über Jahrhunderte durch Weitererzählen, Ausprobieren und Anwenden gehalten hat und das gerade heute von großem Wert sein könnte.

Der Erfolg dieses ersten Vortrags hat mich zu weiteren ermutigt und heute, nach vielen Vorträgen, schreibe ich meine Erfahrungen auf. Inzwischen freue ich mich darüber, wie aufgeschlossen viele Menschen dem Wissen um die Mondrhythmen gegenüberstehen. Sah ich anfangs viele ungläubige Gesichter, so entwickelte sich nach einigen Versuchen ein explosionsartiges Interesse. Heute wenden sogar viele Ärzte und Unternehmer das Wissen um den »richtigen Zeitpunkt« in ihrem Beruf an. Für mich ist der Umgang mit den Mondphasen ja überhaupt nichts Neues, aber ich bin glücklich darüber, dass viele Menschen diesem alten Wissen heute wieder Vertrauen schenken.

Das ist mein Wunsch: Sie sollen, wenn Sie Freude daran haben, ein Wissen erhalten, das Sie ein Leben lang begleiten kann, ohne immer wieder in Leitfäden, Ratgebern und Tabellen nachschlagen zu müssen – ein Wissen, das Ihnen in Fleisch und Blut übergeht, das Sie Ihren Kindern als Starthilfe für eigene Erfahrungen weitergeben können. Wenn Sie auch nicht wie ich mit diesem Wissen aufgewachsen sind, so bekommen Sie mit diesem Buch Gelegenheit, eigene Erfahrungen zu sammeln – und das hilft mehr als tausend Beispiele in einem Buch. Nach einigen Versuchen kommt Ihnen das Wissen nicht mehr so fremdartig vor und Sie merken schnell, um wie viel einfacher Ihnen alles von der Hand geht.

In gemeinsamer Arbeit mit Thomas Poppe ist dieses Buch entstanden. Möge es allen Lesern, die guten Willens sind, eine Erleichterung und ein hilfreicher Begleiter in vielen Lebenssituationen sein.

Johanna Paungger

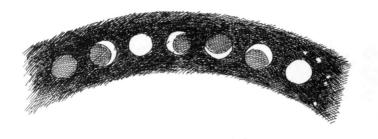

I
Die fünf Hauptimpulse des Mondes

Es ist so angenehm, zugleich die Natur
und sich selbst zu erforschen,
weder ihr noch dem eigenen Geist Gewalt anzutun,
sondern beide in sanfter Wechselwirkung
miteinander ins Gleichgewicht zu bringen.

J. W. v. Goethe

Vergangenheit und Gegenwart

Jahrtausendelang lebte der Mensch weitgehend in Harmonie mit den vielfältigen Rhythmen der Natur, um sein Überleben zu sichern. Er beobachtete mit wachen Augen und gehorchte Notwendigkeiten, anfangs noch ohne nach ihren Ursachen zu fragen. Eskimos etwa leben unter den härtesten nur denkbaren Umweltbedingungen, mitten in ewigem Eis. Ihre Sprache kennt vierzig verschiedene Worte für »Schnee«, weil sie vierzig verschiedene Zustände gefrorenen Wassers zu unterscheiden lernten. Die Klimaverhältnisse zwangen sie dazu: Nur zwei dieser vierzig Eis- und Schneearten sind zum Bau der Iglus, ihrer Behausungen, geeignet.

Nicht allein den Zustand der Dinge beobachtete der Mensch genau, sondern auch, welche Wechselwirkungen zwischen dem Zustand und dem jeweiligen Zeitpunkt des Beobachtens bestanden – die Tages-, Monats- und Jahreszeit, der Stand von Sonne, Mond und Sternen. Viele archäologisch bedeutsame Gebäude aus alter Zeit bezeugen, welch hohen Stellenwert unsere Vorfahren der genauen Beobachtung der Gestirne und der Berechnung ihres Laufs beimaßen. Nicht nur aus »wertfreiem« Forscherdrang, sondern weil sie so den größtmöglichen Nutzen aus der Kenntnis der Einflüsse zur Zeit des jeweiligen Gestirnsstands ziehen konnten. Die von ihnen nach dem Lauf des Mondes und der Sonne errechneten Kalender dienten der Vorausschau auf bestimmte Kräfte – auf Impulse, die nur zu bestimmten Zeiten auf die Natur, auf Mensch und Tier wirken und in regelmäßigen Abständen wiederkehren. Besonders auf jene Kräfte, die im Gleichtakt mit dem Lauf des Mondes alles Leben beeinflussen, die über Erfolg und Misserfolg von Jagd und Ernte, von Lagern und Heilen mit entscheiden.

Der Naturforscher Charles Darwin hat deshalb in seinem klassischen Werk *Von der Abstammung des Menschen* nur eine Erkenntnis wiedergegeben, die zahllosen Generationen vor ihm zuteil wurde und für sie von großem Nutzen war: »Der Mensch ist gleich den Säugetieren, Vögeln und sogar Insekten jenem geheimnisvollen Gesetz unterworfen, wonach gewisse normale Prozesse, wie Schwangerschaft, Pflanzenwachstum und Reife, Dauer verschiedener Krankheiten, von den *Mondperioden* abhängig sind.« Geschärfte Sinne, Wachheit, Wahrnehmungsfähigkeit und genaue Beobachtung der Natur, der Tier- und Pflanzenwelt, machte unsere Vorfahren zu »Meistern des richtigen Zeitpunkts«.

Sie entdeckten
- dass zahlreiche Phänomene der Natur – Ebbe und Flut, Geburten, Wettergeschehen, der Zyklus der Frauen und vieles mehr – in Beziehung zur Mondwanderung stehen;
- dass sich viele Tiere in ihrem Tun nach dem Mondstand richten, dass Vögel beispielsweise das Nistmaterial immer zu bestimmten Zeiten sammeln, so dass die Nester nach einem Regen rasch trocknen;

- dass Wirkung und Erfolg zahlloser alltäglicher und weniger alltäglicher Aktivitäten – Holz schlagen, kochen, essen, Haare schneiden, Gartenarbeit, düngen, waschen, die Anwendung von Heilmitteln, Operationen und vieles mehr – Rhythmen in der Natur unterworfen sind;
- dass manchmal Operationen und Medikamentengaben, an bestimmten Tagen durchgeführt, hilfreich sind, an anderen Tagen nutzlos oder gar schädlich – oft unabhängig von Dosis und Qualität der Medikamente, von aller Kunst des Arztes;
- dass Pflanzen und ihre Teile von Tag zu Tag unterschiedlichen Energien ausgesetzt sind, deren Kenntnis ausschlaggebend für erfolgreichen Anbau, Pflege und Ernte der Früchte ist, dass Heilkräuter zu bestimmten Zeiten gesammelt ungleich besser wirken als zu anderen.

Mit einem Satz: Der Erfolg einer Absicht hängt nicht nur vom Vorhandensein der nötigen Fähigkeiten und Hilfsmittel ab, sondern entscheidend auch vom Zeitpunkt des Handelns.

Natürlich waren unsere Ahnen bestrebt, ihr Wissen und ihre Erfahrungen an ihre Söhne und Töchter weiterzugeben. Dazu war es nötig, den beobachteten Einflüssen griffige, leicht verständliche Namen zu geben und sie vor allem in ein einleuchtendes System zu kleiden, das immer und überall die Beschreibung der Kräfte und vor allem die Vorausschau auf die kommenden Einflüsse ermöglicht. Eine ganz besondere Uhr musste erfunden werden.

Sonne, Mond und Sterne waren es, die sich von Natur aus als äußerer Rahmen, sozusagen als »Zeiger und Zifferblatt« für diese Uhr anboten. Aus einem sehr einfachen Grunde: Das Wesen von Rhythmus ist Wiederholung. Wenn man beispielsweise beobachtet, dass die günstige Zeit zum Ansäen einer bestimmten Pflanze monatlich genau zwei bis drei Tage währt und dabei der Mond die immer gleichen Sterne durchwandert, dann liegt es nahe, diese Sterne zu einem »Bild« zusammenzufassen und der Sternenkonstellation einen für die jeweilige Beschaffenheit des Einflusses typischen und einleuchtenden Namen zu geben. Das Sternbild wird zur Ziffer auf dem Zifferblatt des Sternenhimmels.

Unsere Vorfahren isolierten grob gesehen zwölf Kraftimpulse, die jeweils unterschiedliche Eigenart und Färbung besitzen. Den von der Sonne (im Lauf eines Jahres) und vom Mond (im Laufe eines Monats) während eines dieser Impulse durchwanderten Sternen gaben sie zwölf verschiedene Namen.

So sind die zwölf Sternbilder des Tierkreises entstanden: Widder, Stier, Zwillinge, Krebs, Löwe, Jungfrau, Waage, Skorpion, Schütze, Steinbock, Wassermann, Fische.

Der Mensch hatte sich eine »Sternenuhr« geschaffen, an der er ablesen konnte, welche Einflüsse gerade herrschten, mit der er berechnen konnte, was die Zukunft an förderlichen und bremsenden Einflüssen für seine Vorhaben bringen würde. Viele Kalender der Vergangenheit richteten sich nach dem Lauf des Mondes, weil die vom Mondstand im Tierkreis angezeigten und angekündigten Kräfte von weit größerer Bedeutung sind für den Alltag der Menschen als die des Sonnenstandes. Vielleicht wissen Sie, dass heute noch viele unserer Feiertage vom Stand des Mondes abhängen: Ostern etwa wird seit Ende des 2. Jahrhunderts n.Chr. stets an dem ersten Sonntag gefeiert, der dem ersten Vollmond nach Frühlingsanfang folgt.

Gegen Ende des 19. Jahrhunderts geriet das Wissen um diese besonderen Rhythmen der Natur fast über Nacht in Vergessenheit. Der Hauptgrund für den Verzicht auf das Wissen ist, dass uns die moderne Technik und Medizin die »schnelleren« Lösungen für alle Probleme des Alltags versprochen hatte. In kürzester Zeit gelang es ihr, uns die Illusion zu geben, dieses Versprechen auch einlösen zu können. Die Beobachtung und Beachtung der Naturrhythmen schien fast mit einem Schlag überflüssig geworden. Das Wissen überlebte schließlich nur in vereinzelten Regionen.

- Die jungen Bauern, Forstwirte und Gärtner der »modernen Zeiten« lachten über ihre Eltern und Großeltern, sprachen von Aberglauben und begannen, sich fast völlig auf den übertriebenen Einsatz von Maschinen und Instrumenten, Dünger und Pestiziden zu verlassen. Sie glaubten, das Wissen ihrer Eltern vom richtigen Zeitpunkt ignorieren zu können, und die steigenden Erträge schienen ihnen lange Zeit Recht zu geben. So verloren sie den Kontakt zur Natur und begannen, anfangs unbewusst, die Zerstörung unserer Umwelt mit zu betreiben, immer unterstützt von der Industrie, die das Vertrauen in ihre Fähigkeit, alle Probleme lösen zu können, aufrechtzuerhalten verstand. Heute kann kaum noch jemand die Augen verschließen vor dem hohen Preis, den wir für die Missachtung der Rhythmen und Naturgesetze bezahlen müssen – die Erträge sinken und Schädlinge bekommen leichtes Spiel, weil der Boden ausgebeutet wird, ohne sich schützen und regenerieren zu können, der Einsatz von Pestiziden hat sich in wenigen Jahrzehnten vervielfacht, ohne nennenswerten Erfolg. Qualität und Gesundheitswert der Erntefrüchte sprechen eine deutliche Sprache.
- Die Fortschritte der Chemie und Pharmazeutik verführten die Ärzteschaft zu der Überzeugung, ungestraft die

Wellenbewegung und Ganzheit des Lebens missachten zu können. Schnelle Schmerz- und Symptombeseitigung galt schon als »Therapieerfolg«, die Ursachenforschung und Vorbeugung, die Geduld und Bereitschaft zur Partnerschaft mit dem Patienten traten in den Hintergrund. Zudem ist das Wissen um die Mondrhythmen mit den heutigen wissenschaftlichen Methoden zwar beweisbar, aber kaum zu begründen, die Frage nach dem »Warum« muss vorläufig unbeantwortet bleiben: Im linearen Denken der meisten Wissenschaftler ein legitimer Grund, es gänzlich zu ignorieren.

- Und wir alle, die wir so leichten Herzens auf das Wissen um die Rhythmen verzichten, tun das einerseits, weil wir die kurzfristige Bequemlichkeit zum höchsten Gut erhoben haben, auf Kosten von Vernunft, Maß und Ziel. Wir glauben, alles überholen zu können, auch die Natur, und überholen uns dabei selbst. Im Höllentempo unserer Zeit hetzen wir ständig von der Vergangenheit in die Zukunft. Der gegenwärtige Augenblick, der einzige Ort, an dem Leben stattfindet, geht verloren.

- Andererseits aber ignorieren wir die Rhythmen auch aus dem einfachsten nur denkbaren Grund: *Sie sind uns unbekannt.* Vielleicht gehören Sie zu den Pionieren, die dieses Wissen zurückerobern wollen, langsam, nach und nach, ohne Hast und Eile. Denn es ist keineswegs zu spät, diese alte Kunst wieder zu beleben. Sie wartet nur auf Menschen, die sich nicht damit entschuldigen, dass »man allein ja doch nichts ausrichten kann«. Auch wenn in der heutigen Zeit noch so viele Anzeichen dafür sprechen, dass der Einzelne keinen Einfluss hat auf die Gesundung unserer Umwelt: Jede einzelne noch so »kleine« Handlung zählt. Manchmal viel mehr als die großen Gesten und vor allem die großen Worte.

Alle in unseren Büchern vorgestellten Regeln und Gesetze wurzeln ausschließlich in persönlicher Erfahrung und eigenem Erleben. Nichts stammt nur vom Hörensagen, nichts beruht auf Vermutungen oder Überzeugungen. Viele weitere Rhythmen und Einflussfaktoren in der Natur, etwa in Zusammenhang mit dem menschlichen Biorhythmus, mit Organrhythmen, Erdstrahlungen und dergleichen finden Sie ausführlich in unseren weiteren Büchern behandelt. In diesem Buch geht es uns in erster Linie um fünf verschiedene »Zustände« des Mondes:

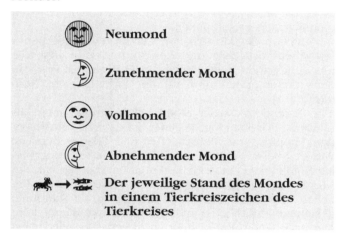

Die Frage, ob der Mond und seine Konstellation am Sternenhimmel einen direkten Einfluss ausübt oder ob, wie schon angedeutet, die jeweiligen Mond- und Sternenstände nur die Funktion von Uhrzeigern haben, die den jeweils beobachteten Einfluss anzeigen oder ankündigen, kann auch heute noch nicht endgültig beantwortet werden. Seit langem hat sich allerdings eine

Sprachregelung durchgesetzt: Etwa »Das Zeichen Steinbock wirkt auf die Knie« oder »Der Vollmond beeinflusst die Psyche«. Diese Ausdrucksweisen sind der Einfachheit halber in unseren Büchern beibehalten worden.

Der Neumond

Bei seinem etwa 28 Tage währenden Umlauf um die Erde wendet der kleine Mond der Sonne stets nur eine Seite zu, die Seite, die wir in ihrer ganzen Pracht bei »Vollmond« zu sehen bekommen.

Steht nun der Mond – von der Erde aus gesehen – »zwischen« der Erde und der Sonne, dann liegt die uns zugewandte Seite völlig im Dunkeln. Er ist dann nicht zu erkennen und auf der Erde herrscht Neumond.

In Kalendern ist der Mond bei Neumond meist als schwarze Scheibe eingezeichnet. Eine kurze Zeit besonderer Impulse auf Mensch, Tier und Pflanze herrscht: Wer jetzt beispielsweise einen Tag lang fastet, beugt vielen Krankheiten vor, weil die Entgiftungsbereitschaft des Körpers am höchsten ist. Will man schlechte Gewohnheiten über Bord werfen, ist dieser Tag als Startpunkt geeigneter als fast jeder andere Tag. Kranke Bäume können nach einem Rückschnitt an diesem Tag wieder gesunden.

Die Impulse der Neumondtage sind nicht so stark unmittelbar zu spüren wie die des Vollmonds, weil die Umpolung und Neuorientierung der Kräfte vom abnehmenden zum zunehmenden Mond nicht so heftig erfolgt wie umgekehrt bei Vollmond.

Der zunehmende Mond

Schon wenige Stunden nach Neumond kommt – auf der Mondoberfläche von links nach rechts wandernd – die der Sonne zugewandte Seite des Mondes zum Vorschein, eine feine Sichel zeigt sich, der zunehmende Mond mit seinen wiederum spezifischen Einflüssen macht sich auf den Weg.

Die etwa sechstägige Reise bis zum Halbmond wird auch I. Viertel des Mondes genannt, die Wanderung bis zum Vollmond nach etwa 13 Tagen II. Viertel.

Alles, was dem Körper zugeführt werden soll, was ihn aufbaut und stärkt, wirkt zwei Wochen lang doppelt gut. Je weiter der Mond zunimmt, desto ungünstiger kann die Heilung von Verletzungen und Operationen verlaufen. Wäsche beispielsweise wird bei gleicher Waschmittelmenge nicht mehr so sauber wie bei abnehmendem Mond. Bei zunehmendem Mond und Vollmond kommen mehr Kinder zur Welt.

Der Vollmond

Schließlich hat der Mond die Hälfte seiner Reise um die Erde vollendet, seine der Sonne zugewandte Seite steht als Vollmond, als helle kreisrunde Scheibe am Himmel. Von der Sonne aus gesehen befindet sich der Mond jetzt »hinter« der Erde. In Kalendern ist der Vollmond als weiße Scheibe eingezeichnet.

Auch in den wenigen Stunden des Vollmonds macht sich auf der Erde bei Mensch, Tier und Pflanze eine deutlich spürbare Kraft bemerkbar, wobei der Richtungswechsel der Mondimpulse von zunehmend zu abnehmend stärker empfunden wird als der Kraftwechsel bei Neumond. »Mondsüchtige« Menschen wandeln im Schlaf,

Wunden bluten stärker als sonst, an diesem Tag gesammelte Heilkräuter entfalten größere Kräfte, jetzt beschnittene Bäume könnten absterben, Polizeireviere verstärken ihre Besatzung, weil sie regelmäßig mit einer Zunahme von Gewalttaten und Unfällen rechnen, Hebammen legen Sonderschichten ein.

Der abnehmende Mond

Langsam wandert der Mond weiter, der Schatten »beult« ihn scheinbar – von rechts nach links – aus, die etwa 13-tägige Phase des abnehmenden Mondes beginnt (III. und IV. Viertel).

Wieder ist unseren Vorfahren die Entdeckung besonderer Einflüsse während dieser Zeit zu verdanken: Operationen gelingen besser als sonst, fast alle Hausarbeiten gehen leichter von der Hand, selbst wer jetzt etwas mehr isst als sonst, nimmt nicht so schnell zu. Viele Arbeiten in Garten und Natur sind jetzt begünstigt (etwa das Aussäen und Pflanzen von unterirdischem Gemüse) oder wirken sich eher ungünstig aus (etwa auf das Veredeln von Obstgehölzen).

Der Mond im Tierkreis

Wenn die Erde um die Sonne wandert, hält sich die Sonne von der Erde aus gesehen im Laufe eines Jahres jeweils einen Monat lang in einem Sternbild des Tierkreises auf. Die gleichen Tierkreiszeichen durchläuft der Mond bei seinem etwa 28-tägigen Umlauf um die Erde, wobei er sich jedoch in jedem Zeichen nur zirka zweieinhalb Tage lang aufhält. Die zwölf unterschiedlichen Kräfte, die mit dem Mondstand im Tierkreis assoziiert sind, lassen sich nur selten so unmittelbar spüren wie der Vollmond. Der Einfluss auf Pflanze, Tier und Mensch ist jedoch deutlich erkennbar, besonders die Wirkungen auf Körper und Gesundheit und in Garten und Landwirtschaft (Ernteerträge, Unkrautbekämpfung, Düngen). Der Mond in Jungfrau (Element Erde) beispielsweise gilt im Pflanzenreich als »Wurzeltag«. Maßnahmen zur Förderung des Wurzelwachstums in diesen zwei oder drei Tagen sind wirksamer und erfolgreicher als an anderen Tagen.

Besonders in der Heilkunde wurde früher das Wissen um die Zusammenhänge zwischen Mondstand und Krankheitsverlauf gewissenhaft befolgt. Hippokrates, Mentor aller Ärzte, wusste um die Kräfte des Mondes und belehrte seine Schüler unmissverständlich: »Wer Medizin betreibt, ohne den Nutzen der Bewegung der Sterne zu berücksichtigen, der ist ein Narr« und »Operiert nicht an jenem Teil des Körpers, der von dem Zeichen regiert wird, das der Mond gerade durchquert«.

Bei uns Menschen übt der jeweilige Mondstand im Tierkreis spezifische Einflüsse auf Körper- und Organbereiche aus. Üblicherweise spricht man davon, dass jede Körperzone von einem bestimmten Tierkreiszeichen »regiert« wird. Die genauen Zusammenhänge können Sie der zusammenfassenden Tabelle am Schluss dieses Kapitels entnehmen.

Unsere heilkundigen Vorfahren entdeckten die folgenden Prinzipien:

**Alles, was man für das Wohlergehen jener
Körperregion tut, die von dem Zeichen regiert wird,
das der Mond gerade durchschreitet,
ist wirksamer als an anderen Tagen.
Mit Ausnahme von chirurgischen Eingriffen.**

> Alles, was die Körperregion, die von dem
> Zeichen regiert wird, das der Mond gerade durch-
> schreitet, besonders belastet oder strapaziert, wirkt
> schädlicher als an anderen Tagen.
>
> Chirurgische Eingriffe an diesen Tagen
> sollte man, wenn möglich, vermeiden.
> Notoperationen gehorchen einem
> höheren Gesetz.
>
> Nimmt der Mond gerade zu,
> wenn er das jeweilige Zeichen durchläuft,
> sind alle Maßnahmen zur Zuführung
> aufbauender Stoffe für das von ihm regierte
> Organ erfolgreicher als bei abnehmendem Mond.
> Nimmt er gerade ab, sind alle
> Maßnahmen zum Entgiften und Entlasten
> des jeweiligen Organs erfolgreicher
> als bei zunehmendem Mond.

Chirurgische Eingriffe sind nur scheinbar eine Ausnahme
von dieser Regel. Sie dienen zwar letztlich dem Wohlergehen des jeweiligen Organs oder des ganzen Körpers,
wirken sich aber im Augenblick der Operation und in
der ersten Zeit danach belastend für das Organ aus.

Besondere Rhythmen

Sie werden in diesem Buch auch mit ganz besonderen
Rhythmen Bekanntschaft machen: Regeln und besonde-
re Termine, die vom Mondstand völlig unabhängig sind.
Sie gehören zu den seltsamsten und unerklärlichsten
Dingen zwischen Himmel und Erde und wir werden erst

gar nicht den Versuch einer Begründung machen. Wie soll man erklären, dass Holz, am 1. März nach Sonnenuntergang geschlagen, nicht brennt, vorausgesetzt, das Holz kann ein Jahr lang natürlich trocknen?

Wir vertrauen darauf, dass es interessierte und neugierige Leser gibt, die diese merkwürdigen Gesetze einfach einmal ausprobieren. Sie sind so gültig wie alle anderen Regeln auch.

Die Tabelle auf den nächsten zwei Seiten ist ein wichtiges Handwerkszeug. Sie gibt einen Überblick über die unterschiedlichen Wirkungsimpulse der einzelnen Tierkreiszeichen – auf Körperzonen, Pflanzenteile, Nahrungsqualität etc. – und zeigt Ihnen die gebräuchlichsten Symbole für die Tierkreiszeichen, um das Auffinden und Identifizieren der Zeichen in den Kalendern im Anhang des Buches zu erleichtern. Wir empfehlen Ihnen, die Tabelle zu kopieren und sich von ihr durch das Buch begleiten zu lassen.

Die Tierkreiszeichentabelle

Tierkreiszeichen	Symbole neu alt	Körperzone
Widder		Kopf, Gehirn, Augen, Nase
Stier		Kehlkopf, Sprachorgane, Zähne, Kiefer Hals, Mandeln, Ohren
Zwillinge		Schulter, Arme, Hände, Lunge
Krebs		Brust, Lunge, Magen, Leber, Galle
Löwe		Herz, Rücken, Zwerchfell, Blutkreislauf, Schlagader
Jungfrau		Verdauungsorgane, Nerven, Milz, Bauchspeicheldrüse
Waage		Hüfte, Nieren, Blase
Skorpion		Geschlechtsorgane, Harnleiter
Schütze		Oberschenkel, Venen
Steinbock		Knie, Knochen, Gelenke, Haut
Wassermanı		Unterschenkel, Venen
Fische		Füße, Zehen

Organ-system	Pflanzen-teil	Element	Nahrungs-qualität	Tages-qualität
Sinnes-organe	Frucht	Feuer	Eiweiß	Wärmetag
Blut-kreislauf	Wurzel	Erde	Salz	Kältetag
Drüsen-system	Blüte	Luft	Fett	Luft/Lichttag
Nerven-system	Blatt	Wasser	Kohle-hydrat	Wassertag
Sinnes-organe	Frucht	Feuer	Eiweiß	Wärmetag
Blut-kreislauf	Wurzel	Erde	Salz	Kältetag
Drüsen-system	Blüte	Luft	Fett	Luft/Lichttag
Nerven-system	Blatt	Wasser	Kohle-hydrat	Wassertag
Sinnes-organe	Frucht	Feuer	Eiweiß	Wärmetag
Blut-kreislauf	Wurzel	Erde	Salz	Kältetag
Drüsen-system	Blüte	Luft	Fett	Luft/Lichttag
Nerven-system	Blatt	Wasser	Kohle-hydrat	Wassertag

II
Gesund leben, gesund werden, gesund bleiben in Harmonie mit den Mondrhythmen

Die Heilkunde der Zukunft wird ein gegenseitiges Bereichern,
ein Zusammenfließen urältester Heilweisen mit dem Besten
der modernen Medizin sein.
Eine Kunst, in der Magie und Medikament,
liebevolle Berührung und Skalpell, heilende Gedankenarbeit,
Gebet und Meditation nach Jahrhunderten der naturwidrigen Trennung
wieder zu einer Ganzheit verschmelzen,
die auch den Menschen wieder als Ganzes sieht.
Es ist der einzig mögliche Weg.

aus: »Aus eigener Kraft«

Gedanken über die Gesundheit

Alles in der Natur ist Klang, Schwingung und Rhythmus. Ein »Leben im Gleichgewicht« bedeutet daher, diese Rhythmen nicht *dauernd* zu missachten oder ständig gegen ihren Strom zu schwimmen. Gleichgewicht hat andererseits nichts mit Rhythmus nach der Uhr, nichts mit Bequemlichkeit, mit einem trägen, gleichmäßigen, »lauwarmen« Dahinfließen der Zeit zu tun. Dosiertes Übertreiben, mal eine durchgemachte Nacht sind genauso wichtig für eine gesunde Lebensführung wie Regelmäßigkeit und Rhythmus im Alltag. Jedes Organ, jedes lebende Wesen braucht dosierte Stöße, Schocks sozusagen, um bis an die Grenzen seiner Entfaltungsmöglichkeiten vorzustoßen.

Unser Körper ist ein wahres Wunderwerk. Über Jahre und Jahrzehnte hinweg verzeiht er scheinbar alles: falsche Ernährung, Bewegungsmangel, Alkohol und Nikotin im Übermaß, Stress und die langjährige Missachtung seiner natürlichen Rhythmen. Das macht eine Änderung der Lebensgewohnheiten auch so schwierig: So viel ist schon lieb gewordene Routine geworden, dass man nicht mehr davon lassen möchte. Und so wenig wissen wir um die wahren Bedürfnisse und Rhythmen unseres Körpers.

Um ein erfahrener und wohlwollender »Manager« Ihres Lebens zu werden, müssen Sie wissen, wie Ihr Körper funktioniert, welche Belastungsgrenzen es gibt, unter welchen Bedingungen er seine volle Leistungsfähigkeit an den Tag legt. Dazu gehört großer Mut. Der Mut zu erkennen, dass man fast immer erntet, was man selbst gesät hat, dass uns Krankheiten eben nicht aus heiterem Himmel befallen und dass unser ganzes Leben Rhythmen unterworfen ist – mit Wellenbergen *und* Wellentälern, Höhen *und* Tiefen.

> *Der Mensch kann nicht tausend Tage gute Zeit haben,*
> *so wie die Blume nicht hundert Tage blühen kann.*
> Tseng-Kuang

In keinem Buch, das Ratschläge zur Gesundheit gibt, darf eine Hilfestellung zum Aufspüren der tiefer liegenden Ursachen von Krankheit fehlen. Am Anfang jeder Therapie sollte deshalb die Frage stehen: »Woher kommt die Krankheit?« Und nicht die Frage: »Wie werde ich sie so schnell wie möglich los?« Wir sollten der Ursache gerade in die Augen sehen können, sonst bleibt jede Therapie in der Symptombehandlung stecken, die Ursache bleibt unangetastet und kann weiterwirken.

Eine tief gehende Antwort auf die Frage nach der Ursache ist fast schon die ganze Diagnose und die halbe

Therapie. Zwei falsche Richtungen kann man dabei einschlagen. Man kann sich mit der Antwort zufrieden geben »Ich bin erkältet, weil ich mich angesteckt habe«. Oder man kann drei Tage lang grübeln, in der eigenen Seele forschen, Eltern und Vorfahren die Schuld geben. Beides wird Ihnen nicht weiterhelfen.

Verzichten Sie auf die Suche nach demjenigen, der an einer Krankheit »schuld« sein könnte. Es darf niemals darum gehen, Bösewichter zu identifizieren: den Körper, der nicht so »will«, wie wir wollen, die Psyche, die Eltern, die Vergangenheit, die Sachzwänge. Das dient oft nur dazu, die eigene Untätigkeit zu entschuldigen und weiter das »Schicksal« zu verdammen.

Wenn Sie eine ehrliche Antwort auf die Frage nach der Ursache gefunden haben, kann Ihnen auch ein Arzt viel besser helfen. Sie werden mit ihm gemeinsam arbeiten. Und nicht mehr mit der so häufigen Einstellung zum Arzt gehen: »Ich bin krank. Befreien Sie mich von meiner Krankheit.« Ärzte können Ihnen nur helfen, sich selbst zu helfen. Sie können Ihnen helfen, Ihre Selbstheilungskräfte zu wecken. Wenn Sie im tiefsten Inneren gar kein Interesse haben, gesund zu werden – weil Krankheit Aufmerksamkeit einträgt, weil man sich anderen Verantwortungen entziehen kann, weil sie wie ein geeigneter Ausweg aus einer schwierigen Situation erscheint, weil die Erkenntnis der eigenen Verantwortung für die Krankheit zu unbequem ist usw. –, dann kann Ihnen auch kein Arzt helfen. Und unsere Bücher erst recht nicht.

Bevor das Wissen um die Mondrhythmen echten Nutzen für eine gesunde Lebensführung bringen kann, ist also eine Einsicht vonnöten: Krankheitsursachen sind oft nicht in unserem Körper zu suchen, sondern auf dem Nährboden falscher und destruktiver Denkgewohnheiten, meist in Zusammenhang mit Konkurrenzdenken,

Angst und Gier. Sie sind oft die wahre Ursache hinter den »vielen Sünden gegen die Natur«, von denen schon Hippokrates spricht. Wer einen kühlen, objektiven Blick in den Spiegel wirft, wird diese Schwächen nicht von vorneherein von sich weisen. Dieser kühle Blick auf sich selbst, im deutschen Sprachgebrauch auch »Aufrichtigkeit« genannt, ist es, der es Ihnen möglich machen wird, die Tipps auf den folgenden Seiten auf bestmögliche Weise zu nutzen.

Ausdrücklich möchten wir noch einmal darauf hinweisen, dass dieses Buch niemals den Arzt ersetzen soll und kann. Niemand sollte sich aufgefordert fühlen, allein ohne ärztlichen Rat eine Krankheit zu behandeln.

Der Einfluss des Mondstandes auf die Ernährung

Eure Nahrung soll Eure Arznei sein.
Hippokrates

Bücher, Radio, Fernsehen und besonders Zeitschriften quellen über vor Ratschlägen für eine »gesunde Ernährung«. Vorgestern noch waren Kartoffeln und Spaghetti die großen Dickmacher, gestern war die Kartoffeldiät schon der Schlankmacher Nr. 1, heute werden Nudeln zur Kraftnahrung erhoben. Fett (Cholesterin) gilt heute als der große Bösewicht, andererseits: Ohne Fett kann kein Mensch überleben. Und was wird morgen in der Zeitung stehen? Fehlt das Gespür für das Vernünftige und Naturgemäße, werden wir ständig hin- und hergerissen, von einer »idealen« Ernährung zur anderen, von einem Ratgeber zum anderen. Zu allen Zeiten hat es Ernährungsrichtlinien gegeben, doch war nie die Rede von »Diät«, sondern von einer wirklich sinnvollen und ausgewogenen Ernährung, die unter Zugabe verschiedener

Kräuter gleichzeitig vorbeugend und heilend wirkt. (Wobei unter »Diät« hier nicht die lebensnotwendigen Ernährungsvorschriften bei bestimmten Krankheiten zu verstehen sind. Sie sind sinnvoll und wichtig.)

Wenn Sie ernsthaft genug haben vom Chaos der Wunderdiäten, Ernährungsregeln und Patentrezepte, können die Mondregeln rund um die Ernährung für Sie zur lang gesuchten Offenbarung werden. Viele Jahrzehnte führten wir Krieg gegen den Körper, belasteten ihn mit entwerteten Lebensmitteln, quälten ihn mit sinnlosen Essensregeln, betäubten ihn mit schädlichen Körperpflegemitteln. Jetzt können Sie endlich Frieden schließen und leben, wie Ihr Körper es sich wünscht und es braucht. Der Weg dorthin führt über das sanfte und mühelose Vertrautwerden mit den zeitlosen und einfachen Regeln gesunder Ernährung und weiser Körperpflege – in Harmonie mit Natur- und Mondrhythmen.

Natürlich ist hier nicht der Platz, allzu sehr in die Breite und Tiefe des Themas zu gehen, aber es wird Sie vielleicht interessieren, dass unser Buch *Alles erlaubt!* alles enthält, was noch fehlen könnte, um die Zwänge und Sklaverei von Ernährungsvorschriften und Diäten hinter sich zu lassen. Ein Buch für den Weg zu Unabhängigkeit und echter Lebensfreude, das Sie nach und nach zu Ihrem ganz persönlichen, untrüglichen Gespür führt für das, was Ihnen gut tut und was nicht. Denn das allein zählt – und nicht Richtlinien, Regeln, Prinzipien. Aber auch mit der Befolgung der einfachen Mondregeln haben Sie einen Riesenschritt in Richtung Gesundheit aus eigener Kraft getan.

Bevor wir zu spezifischen Einflüssen von Mondphase und Mondstand im Tierkreis auf die Ernährung kommen, ist es vielleicht nützlich, eine grundlegende Beschreibung zweier wichtiger Mondphasen in Bezug auf gesunde Lebensführung und Ernährung zu geben:

Der zunehmende Mond
führt zu, plant, nimmt auf, baut auf,
absorbiert, atmet ein, speichert Energie,
sammelt Kraft, lädt ein zur Schonung
und Erholung

 Der abnehmende Mond
spült aus, schwitzt und atmet aus,
trocknet, lädt ein zu Aktivität und
Energieverausgabung

Was die Ernährung betrifft, bedeutet das in erster Linie, dass Sie bei abnehmendem Mond bei gleicher Lebensmittelmenge nicht so schnell zunehmen wie bei zunehmendem Mond. Wenn Sie die unterschiedliche Wirkung dieser beiden Mondphasen wahrnehmen, haben Sie schon einen großen Schritt getan, um die Rhythmen harmonisch in Ihren Alltag zu integrieren. Glauben Sie uns also nicht einfach: Beobachten Sie selbst, schauen Sie, forschen Sie – Sie können diese Einflüsse beobachten und selbst erkennen.

Ob uns eine Mahlzeit gut bekommt oder nicht, dafür ist häufig auch der Mondstand »zuständig«. Bei zunehmendem Mond und stets gleichen Essgewohnheiten und -mengen haben wir viel häufiger ein Völlegefühl und nehmen leichter zu als bei abnehmendem Mond. Andersherum kann man bei abnehmendem Mond oft etwas mehr essen als sonst, ohne gleich Gewicht anzusetzen.

Einen wesentlichen Einfluss auf Ernährung und Verdauung hat nicht nur die Mondphase, sondern auch der **Mondstand im Tierkreis** – ein von den Ernährungswissenschaftlern noch völlig ignorierter und aus unserem Bewusstsein fast verschwundener Faktor. Empfohlen wird zwar eine ausgewogene Ernährung, doch immer mit dem Hintergedanken, dass alle Nährstoffe – Eiweiß, Kohlenhydrate, Fett, Mineralien und Vitamine – möglichst *gleichzeitig* auf den Teller gehören. Das muss nicht sein.

Erinnern Sie sich, beobachten Sie: Kinder haben merkwürdige »Fressphasen«. Ein paar Tage lang können sie von dicken Broten nicht genug kriegen. Dann wieder von Obst oder Gemüse. Viele Eltern bekommen dann schon Angst und fürchten, ihr Kind könnte sich unausgewogen ernähren. Diese Angst ist sicher unbegründet, denn die »Lust« dauert meist nur ein paar Tage.

Sollten wir also an manchen Tagen nur Salat mögen und ein anderes Mal nur Brote, um etwas übertrieben zu sprechen, dann hat das absolut nichts mit einseitiger Ernährung zu tun. Im Laufe mehrerer Tage bekommt der Körper doch alles, was er braucht.

An der nachstehenden Tabelle können Sie den Grund dafür erkennen. Sie beschreibt die Wechselwirkung zwischen Mondstand im Tierkreis und der »Nahrungsqualität« eines Tages.

Was bedeutet nun »Nahrungsqualität« – etwa, wenn beim Mond in den Zwillingen *»gute Fett/Ölqualitäten«* vorherrschen? Olivenbauern und Bäcker würden sich vielleicht an einer eigenen Antwort versuchen: An den Lufttagen Zwillinge, Waage und Wassermann lässt sich aus Oliven weit mehr Öl gewinnen als an allen anderen Tagen. An den »Kohlehydrattagen« Krebs, Skorpion und Fische sind die Regale der Bäcker oft früher leer als sonst, ohne dass sie diesen Zusammenhang deuten können.

Versuchen wir eine Erklärung: Der Lauf des Mondes durch die Tierkreiszeichen kann wie das Kreisen eines Uhrzeigers betrachtet werden, der im zwei- bis dreitägigen Abstand wechselnde Impulse auf unsere Nahrung

Der Einfluss des Mondstandes auf die Ernährung

Wärmetage   Element: Feuer   Pflanzenteil: Frucht

Widder
Löwe   } Nahrungsqualität: Eiweiß
Schütze

Diese Tage besitzen beste **Eiweißqualitäten**. Das hat besondere Auswirkungen auf den physischen Leib und auf die Sinnesorgane.

Kältetage   Element: Erde   Pflanzenteil: Wurzel

Stier
Jungfrau   } Nahrungsqualität: Salz
Steinbock

Hier herrschen beste **Salzqualitäten** vor, die für die Bluternährung günstig sind.

Lichttage   Element: Luft   Pflanzenteil: Blüte

Zwillinge
Waage   } Nahrungsqualität: Fett
Wassermann

Sie haben die besten **Fett- und Ölqualitäten** und versorgen das Drüsensystem.

Wassertage   Element: Wasser   Pflanzenteil: Blatt

Krebs
Skorpion   } Nahrungsqualität: Kohlehydrate
Fische

Diese Tage besitzen gute **Kohlehydratqualitäten** und beeinflussen das Nervensystem.

und auf die Fähigkeit des Körpers, diese Nahrung zu verwerten, anzeigt. Das in einer Olive enthaltene Öl verhält sich an einem »Öltag« auf besondere Weise anders als an den übrigen Tagen und die Fähigkeit unseres Körpers, dieses Öl optimal zu verwerten, verändert sich ebenfalls. Mit anderen Worten: Das harmonische Zusammenspiel zwischen Nahrungspflanze und Körper ist auch abhängig von dem Zeitpunkt der Mahlzeit.

Natürlich darf man nicht vergessen, dass viele andere Faktoren unsere Verdauung beeinflussen. Vieles kann uns in dieser hektischen Zeit »auf den Magen schlagen«. Und »wie Öl« gehen uns Erfolg, Bestätigung und gute Nachrichten »runter«. Doch die Kenntnis der Mondrhythmen und ihrer unterschiedlichen Wirkung auf Sie persönlich kann zur großen Hilfe werden, dem Nährboden von Krankheiten zumindest einen Teil seiner Fruchtbarkeit zu entziehen.

Erwarten Sie jedoch von diesen markanten Einflüssen kein handliches System, keine Rezeptur oder »Diät«, nach der Sie sich von jetzt an unfehlbar richten können. Erst Ihre eigene persönliche Beobachtung wird Ihnen die volle Tragweite und den Nutzen dieser Informationen erschließen. Mancher etwa verdaut Brot besonders gut an Wassertagen (Krebs, Skorpion, Fische), ein anderer bekommt schon nach zwei Scheiben einen »dicken Bauch«. Doch Geduld: Schon nach wenigen Wochen oder Monaten werden Sie anhand dieser Tabelle und mit einem Kalender bewaffnet (siehe Anhang) genau feststellen können, was Ihnen an welchen Tagen besonders gut oder schlecht bekommt.

- Wenn z.B. Ihr Drüsensystem etwas gestört ist, dann achten Sie einmal genau darauf, was Ihnen an **Lufttagen** (Zwillinge, Wassermann, Waage) besonders schmeckt. Sie machen vielleicht die Entdeckung, dass Ihnen genau das »Falsche« besonders mundet und eine leichte Korrektur Ihres Speiseplans erfordert. Es ist sicherlich sehr viel leichter, an wenigen Tagen des Monats auf bestimmte Lebensmittel zu verzichten als lebenslang ein hartes Diätregiment einzuhalten. So können Sie auch mit den übrigen Tagen verfahren.

- Verzehren Sie etwa an **Wassertagen** (Krebs, Skorpion und Fische) besonders gerne viel Brot oder sonstige Mehlspeisen und haben Probleme mit Ihrem Gewicht, dann versuchen Sie es an diesen Tagen mit leicht verdaulichem Brot und gehen Speisen mit hohem Kohlehydratanteil (Mehlspeisen) aus dem Weg.

- Die **Erdtage** (Stier, Jungfrau, Steinbock) beeinflussen die Salzqualität besonders stark. Auf Speck, Schinken, Salzheringe, Schmelzkäse und dergleichen in großen Mengen sollte man an diesen Tagen besser verzichten. Wenn Ihnen der Arzt salzarme Speisen verordnet hat, sind diese Tage besonders heikel. Manche Menschen nehmen gerade an diesen Tagen Salz besonders stark auf und müssen jetzt doppelt aufpassen. Leider haben sie oft gerade an diesen »schädlichen« Tagen besonders viel Lust auf Salz. Nach dem Motto »Einmal ist keinmal« kann jetzt die gute Wirkung eines ganzen Monats Salzenthaltsamkeit zunichte gemacht werden. Doch allmählich wird Ihnen die Beobachtung den Weg weisen und Sie besser auf diese Tage vorbereiten.

- An **Wärmetagen** (Widder, Löwe, Schütze) beobachten Sie, ob Ihr Speiseplan auffällig viel oder wenig Eiweiß oder Früchte enthält und wie das auf Sie wirkt. Wärmetage sind gleichzeitig »Fruchttage«, weil der Pflanzenteil Frucht besonders begünstigt wird.

Es ist natürlich schwer, Beobachtungen zu machen und Konsequenzen zu ziehen, wenn Ihr Essen schon für Tage vorgeplant ist oder ein Kantinenessen auf Sie wartet. Aber selbst dann ist es möglich, festzustellen, ob es gut geschmeckt hat oder ob die Speise schwer im Magen liegt und ein Völlegefühl als unangenehme Begleiterscheinung zurückbleibt – wertvolle Erkenntnisse für die Zeiten, wo Sie Ihren Speiseplan selbst bestimmen können. Jede noch so kleine Kursänderung zum Positiven zählt.

Sollte sich der Rhythmus so einspielen, dass Sie an Fruchttagen (Widder, Löwe, Schütze) nur Lust auf eiweißhaltige Speisen oder Obst haben oder sich besonders an Wurzeltagen (Stier, Jungfrau, Steinbock) mit salzhaltigen Speisen versorgen, dann ist das kein schlechter Rhythmus, vorausgesetzt, es bekommt Ihnen gut. Dass »gute Bekömmlichkeit« und »guter Geschmack« oft zwei verschiedene Dinge sind, müssen wir nicht besonders erwähnen.

Ganz besonders wichtig kann dieses aufmerksame Beobachten für **Allergiker** werden: Nicht an allen Tagen schadet ein allergieauslösendes Nahrungsmittel gleich stark. Schnell ließe sich anhand des Mondkalenders herausfinden, welchen Einfluss der jeweilige Tag auf das Allergen und seine Wirkung hat.

Generell kann man sagen: Wenn sie die vier Nahrungsqualitäten im Monatslauf berücksichtigen, indem Sie an diesen Tagen in Ihrer Kost »einseitig« die jeweilige Qualität einbauen und stärker berücksichtigen, dann kann nicht viel schief gehen. Zumindest werden Sie rasch feststellen, ob Sie zu den Personen gehören, bei denen dieser Rhythmus zutrifft; viele Menschen vertragen allerdings gerade die jeweils vorherrschende Qualität nicht und müssen dann im Gegenteil besonders auf eine Verringerung des jeweiligen Nahrungsmittels achten. Auch hier wäre es von großem Vorteil, den Körpersignalen wieder zum Recht zu verhelfen und bestimmte Speisen gezielter auf den Tisch zu stellen (z.B. bei Bluthochdruck wenig Salz an Wurzeltagen, bei zu hohem Cholesterinspiegel wenig Fett an Blütentagen).

Beobachten Sie, schauen Sie, nehmen Sie wahr – und machen Sie sich Notizen. Erfahrung zählt – nicht allein unsere Bücher. Sie sollen Ihnen nur Hilfestellung leisten.

Ist doch ein Kraut gewachsen?

Heilkräuter sind Kraftwerke in Miniformat. Es gibt kaum ein körperliches Gebrechen, kaum eine Krankheit, die nicht durch Blätter, Blüten, Früchte oder Wurzeln eines in der Natur vorkommenden Krauts gelindert oder geheilt werden können – immer vorausgesetzt, der Kranke begegnet dem Heilmittel und seiner Krankheit mit der richtigen Einstellung.

Wer in seiner Küche weise mit Kräutern umgeht, tut nicht nur viel, um den Geschmack der Speisen zu verbessern, sondern sorgt auch dafür, dass vielen Krankheiten vorgebeugt wird. Vielleicht ist es an der Zeit, zum Prinzip der alten Chinesen zurückzukehren: Die Menschen sorgten für den Lebensunterhalt ihrer Ärzte – in Geld und Naturalien –, nur so lange sie gesund waren. Wurde ein »Schäfchen« in der Gemeinde eines Arztes krank, war er von dieser gemeinschaftlichen Pflicht entbunden. Ärzte verdienten damals an der *Gesundheit* der von ihnen betreuten Menschen, nicht an der Krankheit.

Dass ein Heilkraut nur in seiner Ganzheit wirkt, ist uraltes Volkswissen und kann auch durch die Bemühungen der pharmazeutischen Industrie und der »zuständigen Stellen« in der Schulmedizin nicht in Vergessenheit

gedrängt werden. So wie vor hundert Jahren die offiziel-
le Medizin anders dachte als heute, wird sie auch in
hundert Jahren auf viele der heutigen Methoden mitlei-
dig zurückschauen.

Wenn Sie in einem Kräuterbuch lesen, werden Sie zuerst feststellen, dass viele unserer Küchenkräuter – von
Petersilie und Schnittlauch über Rosmarin, Salbei und
Liebstöckl bis zum Waldmeister und Beifuß – Pflanzen
mit großer vorbeugender und heilender Wirkung bei vielen Krankheiten sind. Zu Unrecht sind sie auf das Niveau
reiner »Geschmacksverstärker« gesunken, vielleicht sogar
noch tiefer, weil die Chemie das Handwerk der »Ge-
schmacksverbesserung« intensiver betreibt als die Natur.

Kräuter zum richtigen Zeitpunkt

Eine Vielzahl von Kräutern kann uns dabei helfen, ein
harmonisches und gesundes Leben im Alltag zu führen.
Die Kenntnis des richtigen Zeitpunkts von Ernte und Lagern ist von großem Wert, wenn es um die größtmögli-
che Heilkraft und Haltbarkeit der Pflanzen geht.

Beachtung finden sollte zuerst, welche Aufgabe die
Pflanze erfüllen soll, ob sie etwa entzündungshemmend
oder abführend oder auf bestimmte Organe kräftigend
wirken solle: *Welchen Wunsch richte ich an die Pflanze?*
Jede Pflanze besitzt andere Eigenschaften, andere Inhaltsstoffe. Und obendrein hilft nicht jede Pflanze jedem
gleich gut. Der eine verträgt ein Heilkraut bei gleichem
Beschwerdebild überhaupt nicht, dem anderen kann es
auch nach langem Leiden schnelle Heilung bringen. Jeder Mensch reagiert individuell, darauf muss Rücksicht
genommen werden. Wer andererseits etwa mit einem
Kräutertee gute Erfahrungen gemacht hat, braucht sich
nicht mehr viele Gedanken um die Inhaltsstoffe machen.
Ist die Frage nach dem Kraut beantwortet, werden die
Regeln für das Sammeln interessant.

Regeln für das Sammeln von Kräutern

Oberstes Prinzip beim Sammeln von Kräutern in der Natur und beim Ernten im Garten sollte sein: Nur so viel sammeln wie gerade unbedingt gebraucht oder voraussichtlich als Wintervorrat benötigt wird! Das sollte die Achtung vor der Natur und die Rücksicht auf den Nächsten gebieten. Besonders die seltenen, unter Naturschutz stehenden Kräuter müssen tabu bleiben.

Beschränken Sie sich auf Kräuter, die Sie gut kennen und sicher identifizieren können. Immer sollten noch einige Pflanzen stehen bleiben und nur jener Pflanzenteil gepflückt werden, der zur Behandlung nötig ist. Besonders beim Ausgraben von Wurzeln ist größte Achtsamkeit geboten, weil die Pflanze sonst ausgerottet wird, zumindest am Fundort.

Der richtige Zeitpunkt

Bei der Wahl des richtigen Sammelzeitpunkts sollte an erster Stelle immer *Ihr persönliches Gefühl* und die *Beobachtung des Wetters* stehen. Zum Pflücken von Blüten sind Blütentage zwar generell gut geeignet, wenn jedoch gerade die Sonne nicht scheint und kalte Witterung herrscht, dann hilft der gute Zeitpunkt auch nicht viel. Immer sollte man wach sein für das, was »heute« angebracht und machbar ist und was nicht. Die Ratschläge zum richtigen Erntezeitpunkt von Kräutern sind sehr wertvoll, doch wenn keine guten, trockenen Wetterbedingungen herrschen, ist das Kräutersammeln sinnlos.

Die beste Jahreszeit zum Sammeln:

Als grobe Richtlinie für die beste Jahreszeit des Sammelns gilt: Im Frühling, wenn die Pflanze noch jung ist, besitzt sie die größte Heilkraft. Die Inhaltsstoffe lösen sich bei der jungen Pflanze leicht, bei älteren Pflanzen oft gar nicht mehr (etwa Kieselsäure). Sie bleibt unwirksam.

Die beste Tageszeit zum Sammeln:

Wurzeln: morgens und abends.

Blätter: am späten Vormittag, wenn der Tau getrocknet ist.

Blüten: bei Sonnenschein. Sie müssen sich voll entfaltet haben und nicht kurz vor dem Verblühen stehen, ihre Heilkraft ist dann viel geringer.

Samen und Früchte: Sie können ganztags gesammelt werden, weil sie nicht so empfindlich sind wie andere Pflanzenteile, jedoch sollte man die größte Mittagshitze meiden.

Die einzelnen Pflanzenteile:

* *Wurzeln*: Der richtige Zeitpunkt zum Ausgraben von Wurzeln ist das zeitige Frühjahr, wenn das volle Wachstum der Pflanze noch nicht eingetreten ist oder der Herbst, wenn sie schon wieder eingezogen hat; der Saft ist dann wieder abgestiegen.

  Wurzeln sollten immer *bei Vollmond oder abnehmendem Mond* ausgegraben werden, Sie haben dann mehr Kraft. Sie dürfen nicht dem Sonnenlicht ausgesetzt werden, deshalb sind die Nachtstunden – vor Sonnenaufgang oder am späten Abend – am besten geeignet. Auch die Zeit von Zwillinge bis Schütze, besonders Jungfrau (auch Zeit »absteigenden Mondes« genannt) ist als Sammelzeit geeignet.

* *Blätter*: Sie können fast das ganze Jahr über gesammelt werden, vorausgesetzt, es handelt sich um junge Pflanzen. Stehen sie schon lange im Saft, blühen sie schon oder wurden sie zwischendurch nicht abgemäht, sind sie für Heilzwecke eher ungeeignet. Es ist nicht nötig, dass beim Pflücken die Sonne scheint, doch der Morgentau sollte schon verdunstet sein, also am besten am späten Vormittag. Blätter sollten *bei zunehmendem Mond*, zwischen Neumond und Vollmond

gesammelt werden, als Alternative an Schütze bis Zwillinge oder an *Blatttagen* (Krebs, Skorpion, Fische).

An *Skorpion* gesammelte Kräuter besitzen stets eine besondere Heilkraft. Sie eignen sich zudem hervorragend zum Trocknen, Haltbarmachen und Lagern. Bei *Krebs* und *Fische* gesammelte Blätter sollten besser sofort verwendet werden.

Die besondere *Ausnahme ist die Brennnessel.* Sie ist ein hervorragendes Blutreinigungsmittel. Sie sollte ausschließlich bei *abnehmendem* Mond gesammelt, ein Brennnesseltee auch nur bei abnehmendem Mond getrunken werden.

- *Blüten:* Meist ist im Frühjahr und Sommer der günstigste Sammelzeitpunkt, wenn die Pflanze in voller Blüte steht, besonders dabei in der Mittagszeit. Die Sonne sollte scheinen, zumindest sollte es sehr warm sein, damit die Blüte geöffnet ist und die Heilstoffe in die Blüten gewandert sind. Verblühte Pflanzen eignen sich nicht sonderlich gut. Das Sammeln von Blüten sollte *bei zunehmendem Mond oder Vollmond* erfolgen. Auch *Blütentage* sind geeignet (Zwillinge, Waage, Wassermann) oder einfach bei Vollmond sammeln, unabhängig vom Tierkreiszeichen. Wird für den Wintervorrat gesammelt, eignet sich ebenfalls der *abnehmende Mond*, weil die Blüten dann sicherer trocknen.

- *Früchte und Samen:* Sie sollten beim Sammeln reif sein, also weder grün noch matschig weich. Fast immer ist das erst im Sommer oder im Herbst der Fall. Trockenes Wetter ist wichtiger als die Tageszeit, nur sollte man der größten Mittagshitze aus dem Weg gehen. Bei zunehmendem Mond geerntete Früchte und Samen sind nur für eine sofortige Anwendung geeignet. Zum Lagern und Haltbarmachen empfiehlt sich hier die Zeit von Schütze bis Zwillinge. Gute Erntetage sind die *Fruchttage* (Widder, Löwe, Schütze). Am un-

günstigsten zum Sammeln von Früchten sind Steinbock, Fische, Krebs und Jungfrau.

Der Mondstand im Tierkreis:
Der Mondstand im Tierkreis spielt beim Sammeln und Anwenden von Heilkräutern eine große Rolle. Als Regel gilt:

> **Ein Heilkraut, gesammelt zur Heilung
> oder Kräftigung jener Körperregion,
> die von dem Tierkreiszeichen des Erntetags
> regiert wird, hilft besonders gut.**

Im Zeichen	Kräuter sammeln gegen
Widder	Kopfschmerzen, Augenleiden
Stier	Halsschmerzen, Ohrenleiden
Zwillinge	Verspannungen des Schultergürtels, zur Inhalation bei Lungenleiden
Krebs	Bronchitis, Magen-, Leber- und Gallebeschwerden
Löwe	Herz- und Kreislaufbeschwerden
Jungfrau	Störungen der Verdauungsorgane und der Bauchspeicheldrüse, Nervenleiden
Waage	Hüftbeschwerden, Nieren- und Blasenkrankheiten
Skorpion	Krankheiten der Geschlechts- und ableitenden Organe Gute Sammeltage für alle Kräuter!
Schütze	Venenleiden
Steinbock	Knochen- und Gelenksbeschwerden, Hautkrankheiten
Wassermann	Venenleiden
Fische	Fußbeschwerden

An *Jungfrautagen* beispielsweise gesammelte Kräuter helfen besonders gegen Verdauungsbeschwerden. Aus an Fischetagen gesammelten Heilkräutern lässt sich eine hervorragende Fußsalbe herstellen. Die vorstehende Tabelle wird Ihnen das Durchschauen der Zusammenhänge erleichtern. Bedenken Sie jedoch stets, dass beim Sammeln *trockenes Wetter* herrschen muss.

Aufbewahrung von Heilkräutern

Beim Haltbarmachen, Trocknen, Lagern und Aufbewahren sollte besondere Sorgfalt angewandt werden. Es wäre ein großer Schaden, wenn durch einen Fehler größere Mengen dieser wertvollen Geschenke der Natur verloren gingen.

Zum Trocknen gehören die Pflanzen an einen schattigen Ort und sollten öfters gewendet werden. Natürliches, luftdurchlässiges Material ist als Unterlage geeignet (ideal wäre ein Holzrost, aber auch Papier erfüllt die Aufgabe). Niemals jedoch sollte man Kräuter auf irgendwelchen Folien trocknen!

Der richtige Zeitpunkt des *Lagerns und Abfüllens in Gläser oder Kartons ist immer der abnehmende Mond*, unabhängig vom Erntetermin. Nie bei zunehmendem Mond Gefäße füllen, weil sonst die Gefahr von Fäulnis besteht.

Dunkle Gläser und Papiertüten sind als Lagergefäße am besten geeignet. Die Pflanzen bleiben schön trocken, das Aroma hält sich lange, die Inhaltsstoffe bleiben erhalten. Helligkeit würde sich ungünstig auswirken.

Pflanzen besitzen unterschiedliche Trockenzeiten. Sie sollten darauf achten, dass bei zunehmendem Mond geerntete Kräuter beim Trockenvorgang unbedingt etwas abnehmenden Mond erhalten.

Nicht bei allen Kräutern ist es erforderlich, einzelne Pflanzenteile zu trocknen. Bei vielen Heil- und Küchenkräuter (etwa Majoran, Thymian, Liebstöckl und Petersilie) genügt es, wenn die ganze Pflanze wie ein Blumenstrauß kopfunter zusammengebunden an einen luftigen Ort gehängt wird, bis sie getrocknet ist. Anschließend kann sie auf übliche Weise abgefüllt werden. Die Methode ist Platz sparend, bietet einen schönen Anblick und das Aroma der trocknenden Pflanzen sorgt für ein angenehmes Raumklima. Schnell trocknende Kräuter sind dazu am besten geeignet, weil das Zusammenbinden keine Fäulnisgefahr heraufbeschwört. (Zahlreiche Anwendungsbeispiele für Kräuter finden Sie in unseren Büchern *Das Mondlexikon* und *Aus eigener Kraft.*)

Einige wichtige Gesundheitsregeln

> *Die größte Weisheit verrät sich in der einfachen*
> *und natürlichen Einrichtung der Dinge,*
> *und man erkennt sie nicht,*
> *eben weil alles so einfach und natürlich ist.*
> Johann Peter Hebel

In diesem Kapitel sollen Sie einige weitere Gesundheitsregeln erfahren. Wenn Sie nach Beweisen für Ihre Gültigkeit suchen, müssen Sie geduldig und gelassen ausprobieren. Das ist der einzige Beweis, den wir Ihnen anbieten können. Ärzte und Statistiker allerdings könnten ohne viel Mühe die Richtigkeit der Regeln überprüfen, wenn sie anhand von Patientenkarteien unterschiedliche Heilungsverläufe mit den Mondrhythmen vergleichen. Die Reaktion: »Davon habe ich noch nie gehört, also kann es nicht wahr sein« dürfte nicht sehr hilfreich sein. Verständlich ist sie jedoch, denn noch vor ein paar Jahren wurde man ausgelacht für die Behauptung, dass Asbest schädlich ist. Jeder »wusste«, dass das nicht sein kann.

In Zusammenhang mit den *Hinweisen zur Ernährung* haben sie nun schon die Grundeigenschaften zweier Mondphasen kennen gelernt:

**Der zunehmende Mond
führt zu, plant, nimmt auf, baut auf,
absorbiert, atmet ein, speichert Energie,
sammelt Kraft, lädt ein zur Schonung
und Erholung**

**Der abnehmende Mond
spült aus, schwitzt und atmet aus,
trocknet, lädt ein zu Aktivität und
Energieverausgabung**

Es ist sicherlich schwer, in der heutigen Zeit den Alltag einem solchen Rhythmus anzupassen. In mehrfacher Hinsicht. Fast alle Abläufe, Rituale und Gewohnheiten in Privat- und Berufsleben nehmen keine Rücksicht mehr auf naturgegebene Impulse. So entsteht »Stress« in seinen vielfältigen Formen, der einen so häufig zwingt, natürliche Signale, natürliches Gespür und gesunden Menschenverstand zu verlernen und zu ignorieren.

Viel wäre schon gewonnen, wenn man erkennt, dass gesundheitsschädlicher Stress in den allermeisten Fällen selbst gemacht ist – dass er die Folge ist von zu viel oder zu wenig Wollen zum falschen Zeitpunkt. Oft entsteht er, wenn man innerlich oder äußerlich einer *selbst auferlegten* Aufgabe nicht gewachsen ist oder innerlich Widerstand leistet.

Unser Körper reagiert, wenn wir ihn zwingen, seine natürliche Rhythmen – Mondrhythmus, Biorhythmus etc. – *dauernd* zu ignorieren. Zuerst nicht, wenn wir jung sind und die negativen Auswirkungen wie Wassertropfen oder mit einem Aspirin abschütteln. Doch nach und nach summieren sich die vielen kleinen Impulse, bis sie in eine Krankheit münden, deren Ursache nur sehr schwer zurückzuverfolgen ist – als Spitze des Eisbergs. »Was lange währt, wird endlich Krankheit.«

Deshalb möchten wir auch immer wieder darauf hinweisen, dass das Mondwissen kein Allheilmittel ist und schon gar keine »schnell wirksamen« Rezepte enthält. Langsam sind die Wirkungen der Verletzung von Rhythmen, langsam wird das Leben in Harmonie mit den Rhythmen seine positiven Wirkungen zeigen.

Wenn man sich in Ruhe zurücklehnt und zehn Minuten täglich darüber nachdenkt, welche Tätigkeiten sich im Alltag mit den Mondrhythmen in Übereinstimmung bringen lassen, wird man ganz gewiss Lösungen finden. Nicht im Sinne einer Leistung, die zu erbringen ist, sondern als Ergebnis einer Beobachtung, die das »richtige« Handeln ganz von selbst erschließt. Nach und nach, organisch, keinesfalls von heute auf morgen.

Zumindest eines können Sie tun: Alle anstrengenden Alltagsarbeiten und Hobbys (die ja heute auch oft in harte Arbeit ausarten), die einer *freien Terminwahl* unterworfen sind, etwas mehr auf die Phase des abnehmenden Mondes verlegen. Nicht sofort. Langsam, nach und nach. Unter Beobachtung der Wirkungen dieses Tuns.

Nichts wirkt überzeugender als die eigene persönliche Wahrnehmung. Fast alle Hausarbeiten beispielsweise – die ja mit Reinigen, Ausschwemmen, Entziehen zu tun haben – sind viel besser in den beiden Wochen des abnehmenden Mondes aufgehoben (siehe Kap. V). Wenn Sie spüren, wie natürlich und angenehm es ist, bei abnehmendem Mond den eigenen Kräften mehr die Zügel schießen zu lassen und bei zunehmenden Mond mehr zu bremsen, zu atmen, Kraft zu sammeln, vorzubereiten und zu planen, dann werden Sie sich fragen, wie Sie so

lange auf die Anwendung dieses Wissens verzichten
konnten, warum Sie es nicht schon früher gemerkt haben.

Thema Operationen

Über das heikle Thema Operationen – chirurgische Eingriffe in den Körper – möchten wir etwas ausführlicher
sprechen. Es ist zu wichtig, als dass es übergangen werden darf. (In unserem Buch *Aus eigener Kraft* finden Sie
es noch ausführlicher behandelt.) Die Grundregel lautet:

> **Für chirurgische Eingriffe jeder Art**
> **– außer für Notoperationen – gilt:**
> **Je näher am Vollmond desto ungünstiger.**
> **Der Vollmondtag hat die negativsten**
> **Auswirkungen. Wenn man die Wahl hat,**
> **sollte man bei abnehmendem Mond operieren.**
>
> **Alles, was die Körperregion,**
> **die von dem Zeichen regiert wird,**
> **das der Mond gerade durchschreitet,**
> **besonders belastet oder strapaziert,**
> **wirkt schädlicher als an anderen Tagen.**
> **Chirurgische Eingriffe an diesen Tagen sollte man**
> **daher, wenn irgend möglich, vermeiden.**

Jeder Chirurg wird diese Entdeckung machen oder hat sogar schon entsprechende Erfahrungen gesammelt: Kom-
plikationen und Infektionen sind an solchen Tagen weit
häufiger. Die Heilungs- und Genesungsphase dauert länger. Gegen Vollmond zu kommt es häufiger zu stärkeren,
schwer stillbaren Blutungen.

Hippokrates (460–370 v. Chr.) hat in seinen Tagebü-
chern wörtlich formuliert: »Berühre nicht mit Eisen jenen
Teil des Körpers, der von dem Zeichen regiert wird, das

der Mond gerade durchquert.« Gemeint hat er damit: Man soll keine chirurgischen Eingriffe an einem Körperteil vornehmen, der von dem gerade herrschenden Tierkreiszeichen regiert wird. Welche Körperteile von den einzelnen Tierkreiszeichen beeinflusst werden, können Sie in den Tabellen im Kap. I und am Schluss dieses Kapitels noch einmal nachlesen. Als Beispiel: An Fischetagen sollte man keine Fußoperationen vornehmen, an Löwetagen keine Herzoperationen etc.

Sie werden vielleicht fragen: Wie steht es aber um den negativen Einfluss, wenn der Löwe bei einer Herzoperation im günstigen abnehmenden Mond steht?

In diesem Fall gilt grundsätzlich: Der günstige Einfluss des abnehmenden Mondes ist stärker als der negative des Löwen. Um beim Beispiel zu bleiben, hier eine Reihenfolge der günstigen und ungünstigen Einflüsse auf eine Herzoperation.

Am ungünstigsten:	Vollmond im Löwen
Sehr schlecht:	zunehmender Mond im Löwen
Schlecht:	zunehmender Mond in anderen Zeichen
Gut bis Mittel:	abnehmender Mond im Löwen
Gut:	abnehmender Mond in anderen Zeichen

Zwei zentrale Fragen ergeben sich, wenn man Erfahrungen mit der Gültigkeit dieser Rhythmen gesammelt hat oder diesen Hinweisen schlicht vertraut:

• *Wie integriert ein Chirurg in freier Praxis oder im Krankenhaus, als Leiter oder als Angestellter, diese Regeln in den Betrieb einer Klinik unserer Zeit?*

Nun, wo eine Einsicht ist, da kann ein Wille entstehen. Und wo ein Wille ist, da ist ein Weg.

- *Wie bringt man als Patient den Arzt dazu, den eigenen Terminvorschlag anzunehmen?*

Man kann ja nur in seltenen Fällen zu ihm gehen und die Begründung auf diese Regeln stützen. Und oft diktiert der »Sachzwang«, der Krankenhaus- und Praxis-«Betrieb« den Termin einer Operation. Wenn Sie glauben, dass Ihr Arzt kaum Verständnis für die wahren Gründe Ihres Wunsches nach Verschiebung etwa eines Operationstermins haben wird – auch das gibt es leider –, dann sind Ausreden gar keine so schlechte Möglichkeit: »Lieber Herr Doktor, ich muss noch ein paar Tage Urlaub nehmen«, »Niemand ist da, der sich um mich kümmern kann, drei, vier Tage später wäre besser...« und so fort.

Angebliche oder echte Schwierigkeiten bei der Terminvergabe ändern nicht das Geringste an der Gültigkeit der Regeln vom richtigen Zeitpunkt! Wir sind überzeugt, dass dieses Problem nur ein Vorwand ist, um sich mit den Rhythmen der Natur nicht eingehender befassen zu müssen.

Vergessen Sie niemals: **Ein Arzt kann Ihnen immer nur helfen, sich selbst zu helfen.** Er ist kein Gott. Tief in Ihrem Inneren wissen Sie selbst am besten, was für Sie gut ist, und was nicht. Sie kennen sogar die Ursache Ihrer Beschwerden genau. Viele von uns haben sich nur dazu verführen lassen, wegzuschauen, oder sind einfach zu faul und legen alle Verantwortung für die eigene Krankheit in die Hände des Arztes. Mit einer solchen Einstellung ist jeder Arzt überfordert. Er wird Ihnen dann nicht wirklich, bestenfalls kurzfristig helfen können.

Wie gibt man eine schlechte Gewohnheit auf?

Sie wollen das Rauchen aufgeben? Für die Aufgabe schlechter Gewohnheiten ist als Starttermin der Neumondtag generell gut geeignet, am besten der Märzneumond, wenn die Sonne von Fische zu Widder wechselt (aber nicht so viel besser, dass Sie für Ihren guten Vorsatz noch monatelang zuwarten sollen!). Sehen Sie der Gewohnheit ruhig und gelassen ins Auge. Betrachten Sie sie von allen Seiten. Und entscheiden Sie dann, sie aufzugeben (oder auch nicht). Warum? Weil es Ihr Wille ist. Punkt, basta. Suchen Sie nicht lange nach Begründungen, weil oftmals die »Gründe« einen langfristigen Erfolg verhindern.

Und dann wählen Sie für die Ausführung Ihres Entschlusses einen Neumondtag. Er kann Ihnen helfen.

Besuch beim Zahnarzt

Auch die Arbeit des Zahnarztes wird vom Mondstand beeinflusst. Sollte ein Zahnarzt Interesse haben, diesen Einfluss nachzuprüfen, genügt ein einfacher Test. Zuerst sollte er aus seiner Patientenkartei alle Fälle herausfischen, bei denen eine Plombe, Zahnkrone oder Brücke aus unerklärlichen Gründen zu früh wieder herausfiel, etwa in einem Zeitraum von drei Jahren nach dem Einsetzen. Anhand von Kalendern könnte er dann eine Strichliste anfertigen: Links trägt er alle Fälle ein, bei denen das Einsetzen bei *zunehmendem Mond* erfolgte, rechts bei *abnehmendem Mond*. Das Ergebnis wird für sich selbst sprechen.

Wenn möglich, sollte das Einsetzen von Kronen und Brücken bei abnehmendem Mond erfolgen.
Auch beim Zahnziehen sollte man auf den abnehmenden Mond achten, besonders, wenn es um Weisheitszähne geht, die manchmal fast einer Operation bedürfen. Wenn möglich, sollte man ein Luftzeichen meiden (Zwillinge, Wassermann, Waage). Bei Kieferoperationen ist das Zeichen Stier ungünstig.

Natürlich ist es nicht immer einfach, auf den richtigen
Termin zu achten, geschweige denn einen Praxisbetrieb
dem Mondrhythmus anzupassen. Aber alle Zahnärzte,
denen es gelungen ist und die mit uns zusammenarbei-
ten, arbeiten erfolgreicher als zuvor.

Die Wechselwirkung zwischen Mondstand im Tierkreis und Körper und Gesundheit

Der zwei- bis dreitägige Aufenthalt des Mondes in einem
der zwölf Tierkreiszeichen weckt jeweils unterschiedliche Kräfte, die überall in der belebten Welt spürbar sind
und auch unseren Körper merklich beeinflussen. Auf den
folgenden Seiten möchten wir nach Tierkreiszeichen ge-
ordnet eine Zusammenfassung der jeweiligen Impulse
und ihrer Bedeutung für die Gesundheit geben.

Die Tabelle gibt noch einmal die körperlichen Einfluss-
sphären der einzelnen Zeichen an:

Zeichen	wirkt auf	System
Widder	Kopf, Gehirn, Augen	Sinnesorgane
Stier	Kehlkopf, Sprachorgane, Zähne, Kiefer, Nacken, Mandeln, Ohren	Blutkreislauf
Zwillinge	Schulter, Arme, Hände, Lunge	Drüsensystem
Krebs	Brust, Lunge, Magen, Leber, Galle	Nervensystem
Löwe	Herz, Rücken, Zwerchfell, Blutkreislauf, Schlagader	Sinnesorgane
Jungfrau	Verdauungsorgane, Nerven, Milz, Bauchspeicheldrüse	Blutkreislauf
Waage	Hüfte, Nieren, Blase	Drüsensystem
Skorpion	Geschlechtsorgane, Harnleiter	Nervensystem

Zeichen	wirkt auf	System
Schütze	Oberschenkel, Venen	Sinnesorgane
Steinbock	Knie, Knochen, Gelenke, Haut	Blutkreislauf
Wassermann	Unterschenkel, Venen	Drüsensystem
Fische	Füße, Zehen	Nervensystem

Die Grundregeln

- Alles, was Sie für das Wohlergehen jener Körperregion tun, die von dem Zeichen regiert wird, das der Mond gerade durchschreitet, wirkt doppelt wohltuend. Mit Ausnahme von chirurgischen Eingriffen.

- Alles, was die Körperregion, die von dem Zeichen regiert wird, das der Mond gerade durchschreitet, besonders belastet oder strapaziert, wirkt doppelt schädlich. Chirurgische Eingriffe an diesen Tagen sind, wenn möglich, zu vermeiden, ausgenommen natürlich Notoperationen.

- Nimmt der Mond gerade zu, wenn er das Zeichen durchläuft, sind alle Maßnahmen zur Zuführung aufbauender Stoffe und zur Kräftigung der von dem Zeichen regierten Organbereiche erfolgreicher als bei abnehmendem Mond. Nimmt er gerade ab, sind alle Maßnahmen zum Ausschwemmen und Entgiften des jeweiligen Organs erfolgreicher als bei zunehmendem Mond.

- Nicht die jeweilige Form der Anwendung – Medikamentengaben, Massagen, Gymnastik, Wassertherapie etc. – zählt dabei, sondern die letztliche Absicht, die mit ihr verfolgt wird.

Im zunehmenden Mond
Oktober bis April

Im abnehmenden Mond
April bis Oktober

Widder

Mit dem Tierkreiszeichen Widder nehmen die Einflüsse auf den Körper in der Kopfregion ihren Anfang. Wer besonders anfällig für Migräne ist, wird oft die zwei oder drei Widdertage im Mondmonat zu spüren bekommen.

Eine gute Maßnahme zur Migränevorbeugung ist es, an Widdertagen *viel klares Wasser* zu trinken und auf Kaffee, Schokolade und Zucker zu verzichten. Dieser Ratschlag hilft wie so oft nur denjenigen Menschen, die schon gelernt haben, auf die eigenen Körpersignale zu hören. Wer diese Sprache beherrscht, kann sich von allem, was seinem Körper hilft oder schadet, ein klares Bild machen.

Das Tierkreiszeichen Widder wirkt auch auf Augen und Gehirn. Grundsätzlich ist Widder kein guter oder schlechter Tag für den Kopfbereich. Es kommt darauf an, was getan wird. Augenumschläge für entzündete oder erschöpfte Augen werden an Widdertagen ihre Wirkung nicht verfehlen.

Im zunehmenden Mond
November bis Mai

Im abnehmenden Mond
Mai bis November

Stier

Mit dem Eintritt des Mondes in das Tierkreiszeichen Stier wird der Körperbereich Hals stärker beeinflusst. Wieder lässt sich das so verstehen: Gute Einflüsse wirken besonders gut, ungünstige besonders schlecht.

Was natürlich – wie bei allen anderen Zeichen auch – nicht heißen soll, dass man jetzt Halsweh bekommen »muss«. Aber eine größere Gefahr von Halsentzündungen ist gegeben.

Stier wirkt auch auf Sprachorgane, Kiefer, Zähne, Mandeln, Schilddrüse, Nacken, Stimme und Ohren. Für Ungeübte kann das Halten einer Rede an Stiertagen zur Qual werden und in heiserem Gekrächze enden. Besonders an kalten Stiertagen sollte man die Ohren nicht ungeschützt halten. Sie sind jetzt empfindlicher gegen Zugluft und Lärm.

Zwillinge

Im zunehmenden Mond
Dezember bis Juni

Im abnehmenden Mond
Juni bis Dezember

Der Zwillinge-Impuls beeinflusst Schultern und teilweise auch schon die Lungen.

Rheumatische Zipperlein im Schulterbereich sprechen jetzt besonders gut auf geeignete Salben an, eventuell mit Kräutern hergestellt, die bei Zwillinge oder Stier gesammelt wurden. Zu leichte Kleidung bei kühlem Wetter oder Autofahren mit starkem Gebläse dagegen können ihren Körper veranlassen, unangenehm auf sich aufmerksam zu machen.

Zwillingetage sind immer Anlass, dem Schultergürtel etwas Gutes zukommen zu lassen. Gezielte Gymnastik kann Wunder wirken – ein Fest für Ihre Schultern. Vom Muskelkater bleiben Sie allerdings deshalb nicht unbedingt verschont. Er wäre ohnehin kein schlechtes Zeichen, weil der Körper damit kundtut, dass er mit Entgiften beschäftigt ist.

Krebs

Im zunehmenden Mond
Januar bis Juli

Im abnehmenden Mond
Juli bis Januar

Stärker als bei den anderen Tierkreiszeichen ist jetzt der Einfluss auf die Brust vorherrschend. Ebenso »regiert« das Zeichen Krebs die Leber und oft genügt schon eine durchwachte Nacht, um uns am nächsten Tag völlig zerschlagen zu fühlen, weil die Leber zu viel zu tun bekam. Sollten Sie empfindlich an Leber und Galle, Lunge oder Brust sein, dann nützen Sie die Krebstage, um diesen Organen etwas Gutes zu tun. Auch der Magen spielt an Krebs gelegentlich verrückt (Aufstoßen, Sodbrennen). Eine leichte Kost ist deshalb jetzt nicht zu verachten. Wer unter Rheuma leidet, sollte an Krebs (Wasserzeichen) sein Bett nicht am Fensterbrett oder draußen am Balkon lüften. Die Feuchtigkeit bleibt in den Federn und ein ziehendes Gefühl begleitet einen durch die Nacht.

Löwe

Im zunehmenden Mond
Februar bis August

Im abnehmenden Mond
August bis Februar

Der Löwe-Impuls lässt unseren Blutkreislauf »singen«. Er ist jetzt aktiver als an anderen Tagen. Der Rücken schmerzt jetzt manchmal stärker und das Herz spielt nicht selten ein wenig »verrückt«. Schlaflose Nächte können einem an Löwe durchaus zu schaffen machen, doch bis Jungfrau ist meist wieder alles vorbei.

Alles, was Herz und Kreislauf überanstrengen könnte, sollte an Löwe tunlichst vermieden werden. Gemeint sind natürlich keinesfalls die normalen körperlichen Betätigungen gesunder Menschen. Löwe ist zudem ein sehr guter Tag für das Sammeln von Kräutern mit heilender Wirkung auf Herz und Kreislauf.

Jungfrau

Im zunehmenden Mond
März bis September

Im abnehmenden Mond
September bis März

Die besondere Kraft der Jungfrautage macht sich an den Verdauungsorganen bemerkbar. Gerade empfindliche Menschen bekommen jetzt häufig Probleme mit ihrer Verdauung. Eine entsprechende fördernde Kost ist in diesen Tagen besonders zu empfehlen, zumindest sollte man auf schwere oder fette Speisen verzichten.

An Jungfrau gesammelte Heilkräuter wirken nicht nur auf den Magen wohltuend, sondern auch auf Blut, Nerven und Bauchspeicheldrüse. Besonders ein Blutreinigungstee, etwa mit Brennnesseln, an Jungfrau gesammelt, verfehlt nicht seine gute Wirkung. Der Wintervorrat sollte erst im September angelegt werden, wenn der Mond vor dem Zeichen Jungfrau gerade abnimmt. Einer vergrößerten Bauchspeicheldrüse tut dieser Tee besonders gut.

Im zunehmenden Mond
April bis Oktober

Im abnehmenden Mond
Oktober bis April

Waage

Hüftbereich, Blase und Niere können an Waagetagen besonders zu spüren sein. Zu Blasen- und Nierenentzündungen kommt es an diesen Tagen leichter. Wieder können Sie dieses Wissen einsetzen, um vorbeugend zu wirken. Achten Sie besonders auf gute Durchwärmung der Blasen- und Nierengegend. Sitzen auf Steinen oder im feuchten Gras ist jetzt Gift. Eine gute Maßnahme besteht darin, nachmittags zwischen 15 und 17 Uhr viel zu trinken, um Blasen und Nieren reichlich durchzuspülen. Gezielte Gymnastik für den Hüftbereich tut jetzt ebenfalls besonders gut. Oft werden wir gefragt, wann man vom Mondstand her gesehen eine Hüftoperation vornehmen lassen sollte. Der richtige Zeitpunkt dafür ist der abnehmende Mond, wenn gerade *nicht* das Tierkreiszeichen Waage und Jungfrau herrscht.

Im zunehmenden Mond
Mai bis November

Im abnehmenden Mond
November bis Mai

Skorpion

Kein Tierkreiszeichen wirkt so stark auf die Geschlechtsorgane wie der Skorpion. Vorbeugende Sitzbäder mit Schafgarbe können jetzt so manchem Frauenleiden abhelfen. Werdende Mütter sollten sich an Skorpion vor jeder Anstrengung schützen, weil es an diesen Tagen leichter zu Fehlgeburten kommt, besonders bei zunehmenden Mond. Auch der Harnleiter ist an Skorpion besonders empfindlich und für positiven Einfluss dankbar. Kalte Füße und eine schlecht durchwärmte Becken- und Nierengegend können in diesen Tagen leicht zu Entzündungen von Blase und Niere führen. Wer unter Rheuma leidet, sollte an Skorpion (Wasserzeichen) sein Bett nicht am Fensterbrett oder draußen am Balkon lüften. Die Feuchtigkeit bleibt in den Federn. Alle Heilkräuter, die an Skorpion gesammelt werden, sind in ihrer Wirkung besonders begünstigt.

Schütze

Im zunehmenden Mond
Juni bis Dezember

Im abnehmenden Mond
Dezember bis Juni

Schütze wirkt auf Hüfte, Becken, Darm- und Kreuzbein und Oberschenkelknochen. Ischiasnerv, Venen und Oberschenkel melden sich besonders an Schützetagen. Oft schmerzt auch noch das Kreuz bis zu den Oberschenkeln, weil auch an Schütze das Wetter gerne umschlägt, ähnlich wie an Zwillinge. Massagen tun besonders gut und lockern verkrampfte Muskeln. Andererseits wird ein untrainierter Körper schon einfache Bergtouren von ein paar Stunden in den Oberschenkeln spüren.

Also an Schütze nicht übertreiben und untrainiert keine langen Wanderungen unternehmen. Wenn ein Familienvater seine Kinderschar ausgerechnet an Schütze zum ersten Mal auf große Wanderfahrt mitnimmt, vielleicht sogar dazu zwingt, kann das den Kindern die Freude am Wandern für lange Zeit vergraulen.

Im zunehmenden Mond
Juli bis Januar

Im abnehmenden Mond
Januar bis Juli

Steinbock

Unnötig starke Belastungen der Knochen ganz allgemein und der Knie im Besonderen können in den Steinbocktagen Folgen haben. Ähnlich wie an Schütze gilt: Nach längerer Pause oder als Anfänger keine Bergtouren oder Skifahrten starten. Chirurgen und Orthopäden in Skigebieten wissen genau, wenn der Mond den Steinbock durchläuft: Sie dürfen ihren Erfahrungsschatz an Knieoperationen erweitern. Fußballer mit Meniskusbeschwerden sollten keinesfalls übertreiben.

Bei jeder Bewegung sind die Knie jetzt stark gefordert. Knieumschläge als Vorbeugung oder Heilung tun in diesen zwei oder drei Tagen besonders gute Dienste. Auch allen anderen Knochen und Gelenken kann man jetzt etwas Gutes tun.

Im zunehmenden Mond
August bis Februar

Im abnehmenden Mond
Februar bis August

Wassermann

Wassermann wirkt auf Unterschenkel und Sprunggelenk. Venenentzündungen an Wassermann sind keine Seltenheit. Jetzt ist Zeit, eine gute Venensalbe auf die Unterschenkel aufzutragen und die Beine hochzulagern.

Wer zu Krampfadern neigt, sollte an diesen Tagen langes Stehen vermeiden, einfache Stadtbummel können an

Wassermann Albträume verursachen. Meistens haben die Taxifahrer an Wassermann mehr zu tun.

Wenn es Ihre Zeit erlaubt, sollten Sie die Füße hochlegen und ihnen mit einer leicht einmassierten, guten Salbe etwas Gutes tun.

Fische

Im zunehmenden Mond
September bis März

Im abnehmenden Mond
März bis September

Die Fische beschließen den Kreislauf des Mondes durch den Tierkreis, ein neuer Kreis nimmt seinen Anfang. Der Widder begann mit der Kraftwirkung auf den Kopf, die Fische enden mit den Füßen.

Wenn Sie dem Kreislauf der Impulse nachspüren und allmählich bei sich selbst wahrnehmen, müssen Sie nicht mehr ständig auf der Hut sein. Ein Monatslauf reicht aus, um dem Körper gezielt – von oben nach unten – zu geben, was er braucht, und um auf die jeweiligen Schwachstellen besonders zu achten. Eine leichte Übung – in Harmonie mit dem Rhythmus der Natur.

Fische ist der beste Termin für Fußbäder und das Behandeln von Hühneraugen (jedoch nicht herausoperieren). Bei der Warzenbehandlung sollten Sie unbedingt auf den abnehmenden Mond achten. An Fische-Tagen wirken Alkohol, Nikotin, Kaffee und Medikamente viel intensiver als an anderen Tagen.

III
Die Mondrhythmen in Garten und Natur

Viele Gründe sprechen dafür, im Garten, in der Land- und Forstwirtschaft wieder zur Beachtung von Mondphase und Mondstand im Tierkreis zurückzukehren. Zu den wesentlichsten zählt, dass wir mit Hilfe der Mondrhythmen von der *übertriebenen* Anwendung chemischer Pestizide, Insektizide und Düngemittel abrücken und wieder zu einem natürlichen und dynamischen Gleichgewicht in der Natur zurückfinden können. Gartenbau und Landwirtschaft der Zukunft werden keine andere Wahl haben, weil man die Natur nicht unbegrenzt ausbeuten kann. Warum also nicht jetzt damit beginnen?

Ein wilder Apfel ist vielleicht nicht »schön«, aber er enthält hundertmal mehr Leben und Kraft als jeder unter einer Wachsschicht vergrabene, »zwangsgereifte« Plantagenapfel. In unserer Zeit ist »gesund« oftmals gleichbedeutend mit »steril, keimfrei«. Wie soll unser Immunsystem die Abwehrkraft entwickeln, wenn ihm alle Arbeit abgenommen wird, wenn ihm die notwendige Abhärtung versagt wird? Das gilt genauso für die Pflanzen (Gemüse, Getreide, Früchte) und ihre Lebenskraft, die wir für uns nutzen wollen.

So viele Verdauungsstörungen unserer Tage und in ihrem Gefolge viele andere Krankheiten sind auf diese innerlich toten Nahrungsmittel zurückzuführen. Keimfreie Nahrung ist sterile, unfruchtbare Nahrung. Bei manchen Krankheiten ist sie sicher angebracht, aber einem gesunden Menschen ebnet sie den Weg zur Krankheit.

Mit völlig unabsehbaren Folgen für den gesamten Kreislauf der Natur werden heute Millionen für Forschung in Zucht und Gentechnik ausgegeben, um Pflanzen so zu verändern, dass sie auf Befehl tun, was sie bei der Wahl des richtigen Pflanz-, Pflege- und Erntezeitpunkts ohnehin tun würden.

Die Situation erinnert an die »guten Absichten« der Ernährungswissenschaft der Jahrhundertwende: Sie hatte beobachtet, dass bestimmte Stoffe in der Nahrung den Körper betreten und unverändert wieder ausgeschieden werden. »Also sind sie überflüssig«, lautete das Urteil, nannte die Stoffe »Ballaststoffe« – totes Gewicht – und begann, Lebensmittel von ihnen zu befreien und »Fertignahrung« herzustellen. Die Folgen sind bekannt.

Es geht uns nicht darum, über Chemie und Nahrungsmittelindustrie, über Gifte und Chemikalien zu schimpfen, denn diese Industrien erfüllen in unserem Leben viele gute Zwecke. Wo allerdings der Einzelne der Chemie vertraut und ihre Produkte anwendet, bleibt ihm ganz allein überlassen. Der Satz: »Was kann der Einzelne schon ausrichten?« ist nur eine Entschuldigung für Untätigkeit oder Resignation. Ein einziger Mensch mit gutem Willen und guten Gedanken kann ein ganzes Stadtviertel mit Inspiration, Lebensmut und Kraft versorgen, selbst wenn er öffentlich nicht in Erscheinung tritt (oft sogar genau deshalb).

Dass Garten- und Landbau ohne Verwendung von Giften und ohne den Unsinn »gentechnischer« Manipulationen bei höheren, gleichen oder nur wenig geringeren Erträgen und viel höherer Qualität der Erntefrüchte möglich ist, wissen heute viele Menschen – auch die, die es angeht. So viele Beweise gibt es: Früchte, die nur die Kraft der Sonne in sich tragen, die sie färbte, Getreide, das schmecken lässt, was Einklang zwischen Himmel und Erde bedeutet, Gemüse, das diese Harmonie in un-

68

seren Körper trägt, Erde, die uns bereitwillig jahrhundertelang diese Geschenke machte, ohne Dünger und Gifte. Wie viele Landwirte durch unsere Bücher den Mut fassten, zu Bio-Bauern zu werden, das erfüllt uns mit großer Freude! Es war ja ganz einfach: Auf kleinen Anbauflächen nur so aus Neugier die Mondrhythmen ausprobieren – und schon sprach die Erfahrung für sich selbst!

Die folgende Tabelle fasst noch einmal die wichtigsten Impulseigenschaften der Tierkreiszeichen bei allen Arbeiten in Garten, Landwirtschaft und Natur zusammen – die Wirkung auf die unterschiedlichen Pflanzenteile und die Tagesqualität (siehe auch unser *Mondlexikon*).

Zeichen	Symbol	Pflanzen-teil	Element	Tagesqualität
Widder		Frucht	Feuer	Wärmetag
Stier		Wurzel	Erde	Kältetag
Zwillinge		Blüte	Luft	Luft/Lichttag
Krebs		Blatt	Wasser	Wassertag
Löwe		Frucht	Feuer	Wärmetag
Jungfrau		Wurzel	Erde	Kältetag
Waage		Blüte	Luft	Luft/Lichttag
Skorpion		Blatt	Wasser	Wassertag
Schütze		Frucht	Feuer	Wärmetag
Steinbock		Wurzel	Erde	Kältetag
Wassermann		Blüte	Luft	Luft/Lichttag
Fische		Blatt	Wasser	Wassertag

Jedes Tierkreiszeichen wirkt mit seinen Impulsen auf einen anderen Teil einer Pflanze – auf Wurzeln, Blätter, Früchte oder Blüten. Mit Hilfe der Tabelle und des Mondkalenders am Schluss des Buches können Sie die Hinweise der folgenden Kapitel richtig deuten und die Arbeit im Garten den Rhythmen anpassen. Mit der Berücksichtigung der günstigsten Zeiten für die jeweilige Arbeit in Garten und Feld gehen Sie vielen negativen Einflüssen aus dem Weg und das gute Gelingen wird zur Quelle der Freude.

Säen, Setzen und Pflanzen

Meist beginnt die Hauptarbeit in Garten und Feld im Frühling mit dem Umgraben und anschließend mit dem Setzen, Säen und Pflanzen. Der genaue Termin dieser Arbeiten ist von großer Bedeutung für Wachstum und Reifeprozess der Pflanzen und ihre Widerstandskraft gegen Unkraut und Schädlinge.

Die Wahl der Mondphase

Unser Körper ist bei abnehmendem Mond auf Hergeben, Energieausgabe, Aktivität gepolt, bei zunehmendem Mond auf Einatmen, Planen, Schonen, Kräfte sammeln. Mit der Erde verhält es sich genau umgekehrt:

> **Bei abnehmendem Mond ziehen die Säfte**
> **mehr zur Wurzel, die Erde ist aufnahmefähig,**
> **sie atmet ein, bei zunehmendem Mond dagegen**
> **steigen die Säfte mehr, das oberirdische Wachstum,**
> **das Ausatmen herrscht vor.**

Dieser »gegenläufige« Rhythmus bildet das Fundament vieler Regeln in der Garten- und Feldarbeit.

Die Grundregel fürs Pflanzen, Setzen und Säen:

- **Oberirdisch wachsende und gedeihende Pflanzen und Gemüse sollten bei zunehmendem Mond gesetzt oder gesät werden.**

- **Gemüse, das unter der Erde wächst, gedeiht gut, wenn auf den abnehmenden Mond als Sä- oder Pflanztag geachtet wird.**

Mit Hilfe des Kalenders am Schluss des Buchs ist es keine Schwierigkeit, diese Mondphasen auszusuchen und gleichzeitig auf die Tierkreiszeichen zu achten.

Die Wahl des Tierkreiszeichens

Was die Wahl des richtigen Tierkreiszeichens betrifft, kommt es darauf an, welchen Wunsch Sie an eine Pflanze richten, welcher Pflanzenteil die besten Entwicklungschancen erhalten soll.

- **Tomaten zum Beispiel sind Früchte, nicht Blätter, Wurzeln oder Blüten. Also wählen Sie für das Setzen und Säen von Tomaten einen Fruchttag – Widder, Löwe, Schütze.**

- **Blattgemüse (Spinat, Lauch etc.) wird am besten gesetzt und gesät, wenn ein Blatttag im Kalender steht – Krebs, Skorpion, Fische.**
  Beim Setzen und Säen von Kopfsalat sollte jedoch zusätzlich immer abnehmender Mond herrschen.

- **Das gleiche Prinzip gilt auch für Wurzelgemüse, beispielsweise Sellerie, Karotten, Zwiebeln und Rettich. Auf schöne Blüten oder ein saftiges, aufschießendes Blattwerk werden Sie hierbei kaum Wert legen.**
  Sie wählen also einen Wurzeltag – Jungfrau, Stier, Steinbock.
  Kartoffeln bilden eine Ausnahme: Der abnehmende Mond ist der richtige Zeitpunkt zum Setzen.
  Sehr günstig wäre bei dieser Arbeit das Tierkreiszeichen Fische, besonders dann, wenn der dritte Tag nach Vollmond darauf fällt.

- **Für Blumen und die meisten Heilkräuter ist ein Blütentag gut – Zwillinge, Waage, Wassermann.**

Wenn Sie diese Prinzipien grundsätzlich erfasst haben, ist es nicht mehr schwer, sich einen **Jahresgartenplan** zu machen. Zeitliche und wetterbedingte Gründe machen es natürlich nicht immer möglich, den richtigen Tag zu treffen. Doch darauf zu achten, dass nicht gerade alle Einflüsse negativ wirken, ist einfach – es bleibt genügend Spielraum, wie Sie noch sehen werden.

Andererseits wird Fanatismus und übergenaues Befolgen der Hinweise, die hier gegeben werden, keine guten Ergebnisse bringen. »Zu viel des Guten« ist nur ein anderes Wort für »schlecht«. Wer die Natur zum Lehrmeister hat, weiß, dass es Hundertprozentigkeit und Perfektion nicht gibt. Es wäre weise, einen gewissen naturgemäßen Bedarf an Verlust von vornherein einzukalkulieren, besonders wenn man es mit »Ernteverlusten« oder Unkraut und Schädlingen zu tun hat. Schließlich müssen in der Lebensgemeinschaft, in der wir leben, alle etwas abbekommen. Nicht jeder Schädling im Garten richtet Schaden an, nicht jedes Unkraut ist ein Un-Kraut.

Gießen und Bewässern

Zum Thema Wässern und Gießen ein vielleicht etwas provozierend klingender Ratschlag: Es genügt völlig, wenn das Saat- und Setzgut zu Anfang gut angegossen wird. Sollte gerade eine Trockenperiode herrschen, kann man auch noch ein paar Tage länger wässern, doch dann sollte unbedingt Schluss sein. *Zusätzliches Gießen ist in unseren Breiten völlig sinnlos.*

Viele Garten- und Feldböden werden heute in regelmäßigen Abständen bewässert, ohne Rücksicht auf die natürlichen Gegebenheiten. Das verwöhnt die Erde, macht alle Pflanzen faul und träge, die Wurzeln wachsen flach, nicht mehr in die Tiefe, Dünger wird fortgeschwemmt, die Qualität der Erntefrüchte ist leblos. Im natürlichen Rhythmus von Regen und Trockenheit wird die Erde und die Pflanze »wach«, reckt und streckt sich, beginnt zu atmen. Sie weiß, dass jeder Tropfen zählt, holt sich, was sie braucht. Die innere Kraft einer solchen Pflanze ist eine andere und die ihrer Früchte ebenso. Der Boden muss sich allerdings langsam an das Natürliche zurückgewöhnen. Wie ein Muskel, der durch Nichtgebrauch schlaff geworden ist: Zuerst kommt das Training, dann der Muskelkater, dann die Kraft – in dieser Reihenfolge.

Zimmerpflanzen und Balkonpflanzen dagegen müssen gegossen werden, jedoch auch nicht so oft, wie das häufig geschieht. Zimmerpflanzen sollte man vorzugsweise an *Blatttagen* gießen (Krebs, Skorpion, Fische), am besten mit kalkfreiem Regenwasser oder abgestandenem Wasser. Vielleicht werden Sie sich über diesen Rat wundern, ja ihn sogar für »grausam« halten, denn Blatttage tauchen ja nur in Abständen von sechs bis acht Tagen auf. *Dennoch: Nur an diesen Tagen zu gießen reicht völlig aus* (mit Ausnahme mancher exotischer Pflanzen). Pflanzen mit hohem Wasserbedarf gießen Sie einfach mehrmals täglich an allen zwei oder drei Blatttagen.

Verzichten Sie zumindest an *Blütentagen* auf das Gießen. Auf an Blütentagen (Zwillinge, Waage, Wassermann) gewässerten Pflanzen machen sich oft Schädlinge breit, besonders gerne die Läuse.

Umsetzen, Umtopfen und Stecklinge

Der richtige Zeitpunkt:
Das Umsetzen einer Pflanze sollte bei
zunehmendem Mond geschehen,
alternativ bei Zwillinge bis Schütze.

Pflanzen, die in dieser Zeit an einen anderen Ort gesetzt oder umgetopft werden, bilden schnell neue Wurzeln und wachsen wunderbar an.

Gerade bei älteren Pflanzen und vor allem bei alten Bäumen ist es wichtig, auf den Zeitpunkt des Verpflanzens zu achten. »Einen alten Baum verpflanzt man nicht« sagt ein altes Sprichwort. Zumindest, was echte Bäume betrifft, stimmt es nicht: Wenn Sie die *Jungfrautage* nutzen, dann wird auch eine ältere Pflanze und ein alter Baum wieder anwachsen. Allerdings sollte auch die Jahreszeit beachtet werden: Dass das Verpflanzen im Frühjahr oder Herbst geschehen soll, versteht sich hier fast von selbst.

Auch für Stecklinge ist die Zeit des zunehmenden Mondes gut geeignet. Sie wachsen rasch an und bilden in kurzer Zeit neue Feinwurzeln. Die *Jungfrautage* eignen sich wieder am besten.

Im Herbst jedoch sollten sie bei Stecklingen auf den abnehmenden Mond achten.

Unkraut- und Schädlingsbekämpfung

Müsste jeder Hersteller von Pestiziden auch die Kosten für die Reinigung der Umwelt von seinem Gift und für die Krankheiten tragen, die er mit verursacht, sähe die Welt anders aus. Das alte Wissen um die Naturrhythmen wäre nicht verloren gegangen, weil weiterhin die Notwendigkeit zu seiner Anwendung verspürt worden wäre. Die folgenden Hinweise zur Vorbeugung und Beseitigung von Schädlingen und Unkraut kosten Sie nichts – außer etwas Geduld.

Vorbeugen ist die beste Medizin
Die *Fruchtfolge* ist eine gute vorbeugende Maßnahme gegen massenhaften Schädlingsbefall. Oberirdisch wachsende Gemüse sollten unterirdisch wachsenden folgen und umgekehrt.

> **Die beste Vorbeugung gegen massenhaftes Auftreten von Schädlingen jedoch ist das Setzen und Säen zum richtigen Zeitpunkt, unter Berücksichtigung der Einflüsse von Blatt-, Frucht-, Blüten- und Wurzeltagen auf die Blumen und Pflanzen.**

Frucht – Widder, Löwe, Schütze   **Blüte** – Zwillinge, Waage, Wasserm.
Wurzel – Stier, Jungfrau, Steinbock **Blatt** – Krebs, Skorpion, Fische

Das Wetter macht manchmal einen Strich durch diese Rechnung, doch zumindest sollte das Pflanzen, Säen und Pflegen nicht gerade an einem sehr ungünstigen Tag erfolgen.

Bekämpfung von Schädlingen

Jeder Bauer und Gärtner weiß es: Die richtige Pflanzengemeinschaft trägt viel dazu bei, Schädlinge von vorneherein abzuwehren. Heute nennt man das »Mischkultur«. Es ist ein ungeheurer Vorteil, wenn sich Pflanzen gegenseitig helfen können, die Schädlinge in Schach zu halten.

Gegen	*hilft*
Kohlweißlinge	Pfefferminze, Salbei, Tomaten, Thymian, Beifuß
Blattläuse	Marienkäfer, Kapuzinerkresse (besonders unter Obstbäumen), Brennnesselauszug
Milben	Himbeeren
Blattwespen	Rainfarn
Erdflöhe	Holunderauszug, Wermut, Pfefferminze, Zwiebeln, Knoblauch, Salat
Ameisen	Lavendel, Feldsalat, Rainfarn, tote Fische vergraben
Mäuse	Knoblauch, Kaiserkrone, Hundszunge, Steinklee
Mehltau	Knoblauch, Schnittlauch, Basilikum
Möhrenfliege	Zwiebeln, Salbei
Pilzkrankheiten	Schnittlauch, Zinnkraut
Schimmel	Zwiebelgewächse
Maulwürfe	bei zunehmendem Mond mit der Egge oder mit der Hand den Hügel öffnen und das Loch freilegen

Sind Pflanz- und Pflegezeiten berücksichtigt worden und treten trotzdem Schädlinge in Massen auf, dann haben wir einige Hinweise parat, wie Sie bei der Bekämpfung den Mondstand für sich arbeiten lassen können.

> **Mit einigen Ausnahmen kann als Faustregel gelten:**
> **Für alle Maßnahmen zur Ungezieferbekämpfung ist**
> **der abnehmende Mond geeignet.**
>
> **Ungeziefer, das in der Erde haust, geht man am besten**
> **an einem Wurzeltag an (Stier, Jungfrau, Steinbock).**
>
> **Besonders gut wirkt die Bekämpfung oberirdischer**
> **Schädlinge, wenn der Mond im Krebs steht, aber auch**
> **Zwillinge und Schütze eignen sich gut.**
>
> **Manchmal hilft nur ein radikaler Rückschnitt. Er sollte**
> **unbedingt bei abnehmendem Mond im IV. Viertel oder**
> **am allerbesten direkt bei Neumond erfolgen. In den**
> **meisten Fällen erholt sich die Pflanze dann wieder.**

Geduld ist die beste »Schädlingsbekämpfung«: Mit unseren Büchern wollen wir mithelfen, dass ein allmähliches Umdenken stattfindet, weg vom »schnell Wirksamen«, hin zur Vorbeugung und zum Handeln mit Maß und Ziel und gesundem Hausverstand.

Bekämpfung von Unkraut

> **Der richtige Zeitpunkt: Für das Jäten und Ausreißen**
> **von Unkraut ist der abnehmende Mond die**
> **geeignete Zeit, am günstigsten beim Zeichen Steinbock**
> **(Januar bis Juli steht der Steinbock im**
> **abnehmenden Mond).**

Sie sollten jedoch darauf achten, die Nutzpflanzen nicht zu verletzen, weil sie sonst ebenfalls eingehen können.

Pflanzen-, Hecken- und Baumschnitt

Regeln für den Pflanzenrückschnitt

Der Rückschnitt ist eine der heiklen Arbeiten im Garten: Nur allzu oft macht man die Erfahrung, dass gleicher Aufwand und gleiche Sachkenntnis völlig unterschiedliche Resultate zeitigen. Einmal schießt die Pflanze, dann wieder kümmert sie, wächst in die Breite oder stirbt gar ganz ab.

Der richtige Zeitpunkt: Der Rückschnitt einer Pflanze sollten bei abnehmendem Mond geschehen, alternativ bei Zwillinge bis Schütze.

Pflanzen und Bäume nehmen bei abnehmendem Mond geschnitten keinen Schaden, weil der Saft nicht austritt. Sie können nach dem Rückschnitt nicht verbluten, die Säfte steigen ab.

Obstbaumschnitt

Eine wichtige, alljährlich wiederkehrende Arbeit ist das Ausschneiden von Obstbäumen und -sträuchern. Viele Gartenfreunde, aber auch die »Profis« haben damit bisweilen schlechte Erfahrungen gemacht. In manchen Jahren klappt es, in anderen wiederum steckt der Teufel im Detail. Es ist auch kein Wunder, denn für diese Arbeit muss man schon etwas genauer auf den richtigen Zeitpunkt achten.

Der richtige Zeitpunkt zum Ausschneiden von Obstbäumen und -sträuchern ist der abnehmende Mond, am besten ein Fruchttag (Löwe, Schütze, Widder).

Am ungünstigsten ist der zunehmende Mond und ein Blatttag (Krebs, Skorpion, Fische). Der Baum verliert zu viel Saft, die Fruchtbildung wird gehemmt. Die Obstpflanze geht zwar nicht zugrunde, aber der Ernteertrag sinkt oder bleibt gar manchmal ganz aus. Sollte allerdings beim Schnitt gerade der Vollmond auf den Krebs fallen, kann sogar für das Überleben der Pflanze nicht mehr garantiert werden!

Veredeln

Zu den diffizilen Arbeiten im Garten gehört das *Veredeln* (Okulieren, Pfropfen etc.) von Obstbäumen. Das Veredeln, das Verbinden eines Edelfrüchte oder -blüten tragenden Reises mit einer unedlen, aber wuchskräftigen Basispflanze, verfolgt meist den Zweck, ein gesundes und kraftvolles Wachstum verbunden mit größerer Widerstandskraft zu erzielen.

Meist wagen sich nur gewiefte Gartler an diese Aufgabe. Doch bei Beachtung der folgenden einfachen Regel kann sie jedem gelingen.

Der richtige Zeitpunkt: Das Veredeln von Obsthölzern sollte bei zunehmendem Mond, am besten in der Nähe des Vollmondes und an einem Fruchttag (Widder, Löwe, Schütze) geschehen.

Der Baumsaft steigt schnell in das neue Reis auf und verbindet es besser mit dem Untergrund. An einem Fruchttag ist diese Arbeit am besten aufgehoben. Der Baum wird jedes Jahr Frucht tragen.

Eine (fast) unfehlbare Medizin für kranke Pflanzen und Bäume

> **Der richtige Zeitpunkt: Alle Pflanzen und Bäume, die nicht mehr wachsen wollen, kümmern oder krank sind, können in den meisten Fällen erfolgreich behandelt werden, wenn Sie bei abnehmendem Mond kurz vor Neumond die Spitzen entfernen. Die Spitze sollte knapp über einem Seitenast entfernt werden, der dann nach oben strebt und sich als neue Spitze eignet.**

Die Regel ist anwendbar auf *alle Pflanzen,* die nicht richtig wachsen wollen, auch auf *Zier- und Blühpflanzen.* Einfach bei Neumond die Spitzen kappen – das Resultat wird Sie überraschen.

Jungfrautage – Arbeitstage

In Garten und in der Natur spielt das Tierkreiszeichen *Jungfrau* eine ganz besondere Rolle, wie Sie vielleicht schon an den bisherigen Hinweisen erkennen konnten. Wenn es um das Pflanzen und Säen geht, ist es das beste Tierkreiszeichen, aber auch einige andere Arbeiten sind begünstigt.

An Jungfrau umgetopfte Pflanzen, etwa Geranien, haben die besten Voraussetzungen, wunderschöne, gesunde Balkonpflanzen zu werden. *Ableger* wurzeln im Herbst rasch an, weil Jungfrau dann immer im abnehmenden Mond steht.

Auch ein bei *Jungfrau im zunehmenden Mond angesäter Rasen* wird schnell zur Augenweide, allerdings würden sich für einen Rasen die Löwetage in zunehmendem Mond fast noch besser eignen. Auf jeden Fall ist der zunehmende Mond wichtig.

Die große Ausnahme der Jungfrauregeln bildet der *Kopfsalat!* An Jungfrau gesetzt schießt er in die Höhe und »kopft« nicht. Auch Schütze ist ein schlechtes Zeichen für das Setzen von Salat. Die Regeln für Blattgemüse lauten anders:

Der richtige Zeitpunkt: Blattgemüse (Salat, Spinat, Weiß- und Rotkohl etc.) kann auch bei abnehmendem Mond gesät und gepflanzt werden, am besten an den Krebstagen. Das gilt auch für Rettich und Blumenkohl.

Zusammengefasst: Natürlich steht der Mond monatlich immer nur zwei bis drei Tage lang im Zeichen Jungfrau, doch was immer Sie an diesen Tagen an Pflanzarbeiten schaffen, lohnt jede Mühe. Viel Freude dabei!

Über die Pflanzenernährung

Allgemeine Düngeregeln

Jede *Überdüngung* – sie ist heute eher die Regel als die Ausnahme – verhindert eine normale Wurzelbildung, besonders bei Obstbäumen. Die Düngermengen sollten sich stets nach dem Bedarf der Pflanze richten und der ist in der Regel weit geringer, als heute vielfach angenommen wird – erst recht, wenn man auf den richtigen Zeitpunkt des Düngens achtet.

Wie überall in Garten und Feld sollten wieder Gefühl und Hausverstand und nicht Regel, Dogma und »Expertenmeinung« als Maßstab dienen. Guter Kompost und Stallmist etwa sind immer noch unübertroffene Dünger, besonders für Obstbäume.

Der richtige Zeitpunkt: Düngen sollte man, wenn möglich, bei Vollmond oder bei abnehmendem Mond.

Man sollte, wann immer es möglich ist, vermeiden, bei zunehmendem Mond zu düngen. Das belastet nur das Grundwasser, mit allen wohl bekannten Folgen. Sogar das Trinkwasser können Babys in manchen Gegenden wegen des hohen Nitratgehalts nicht mehr gefahrlos zu sich nehmen.

Zeitlich lässt sich der Vollmondtag als Düngetag nur schwer mit den vielfältigen Arbeitsabläufen von Gärtnern und Landwirten vereinbaren. Für viele »Kleingärtner« dürfte es aber kein Problem sein, ihn zu beachten – und der Zeitraum des abnehmenden Mondes ist lang genug, um ihn auch in größeren Betrieben ausnützen zu können.

Blumendüngung

Neben dem abnehmenden Mond sollte man auch darauf achten, dass das *Düngen von Blumen* ebenso wie das Gießen an Blatttagen erfolgt – also an Krebs, Skorpion oder Fische.

Für Blumen mit schwacher Wurzelbildung können Sie zwischendurch einen Wurzeltag wählen (Stier, Jungfrau, Steinbock).

Blumen, die nicht mehr recht blühen wollen, sollten zwischendurch an einem Blütentag (Zwillinge, Wassermann, Waage) Dünger erhalten. Jedoch nicht zu oft, denn sonst ergeht eine Einladung an die Läuse. Der natürliche, jahreszeitlich bedingte Blütenrückgang darf selbstverständlich nicht zum Signal werden, an einem Blütentag zu düngen.

Getreide, Gemüse und Obst

Getreide, Gemüse und Obst sollen nicht schön blühen, sondern lebensvolle Frucht tragen.

Der richtige Zeitpunkt: Die geeignetste Zeit für das Düngen sind die Fruchttage (Widder, Schütze), auch hier bei abnehmendem Mond oder bei Vollmond. Die Löwetage sind nicht so gut geeignet zum Düngen, weil dann der Boden und die Pflanzen stark austrocknen.

Kunstdünger sollten Sie jedoch *niemals bei Löwe* anwenden, Erde und Saatgut verbrennen leicht, besonders auf ohnehin trockenen Böden. Löwe ist im ganzen Tierkreis das »feurigste« Zeichen.

Komposthaufen – Recycling à la nature

Weil guter, ausgereifter Kompost zum Besten zählt, was der Garten hergibt, nicht nur als guter Dünger, soll er etwas eingehender besprochen werden. Das *Kompostieren* ist eine der ältesten Formen des Recyclings. Dem gewieften Gartenliebhaber wird dieses Kapitel vielleicht nicht viel Neues bringen, aber die ständig wachsenden Abfallprobleme haben in letzter Zeit viele Neulinge dazu inspiriert, sich an dieser Kunst zu versuchen. Ausführliche Beschreibungen finden Sie in vielen Gartenbüchern, daher hier die Beschränkung auf einige Tipps.

- Der *richtige Platz* für einen Komposthaufen liegt möglichst windgeschützt im Halbschatten, um ein Austrocknen zu vermeiden. Für das Verrotten ist genügend Wärme wichtig, ein allzu schattiger Ort verlangsamt die Umwandlungsprozesse.
- Wenn Sie sich für einen Platz entschieden haben, sollte auf der Fläche des Komposthaufens der Boden etwa *zehn Zentimeter tief* aufgelockert werden. Als wiederum etwa zehn Zentimeter dicke Unterlage eignet sich trockenes, saugendes Material – etwa trockener Rasenschnitt, klein geschnittene Zweige, Mulch oder Stroh.

- Die Grundlage wird nun mit *lockerem, sperrigem Material* bedeckt. Der Boden darf nicht betoniert, mit Folie bedeckt oder sonstwie abgedichtet sein. Das würde nur zu Fäulnis und Staunässe führen und den Regenwürmern den Weg von unten in den Komposthaufen blockieren.
- Der Aufbau des Bretterkastens und das Ansetzen des Komposthaufens sollten *bei abnehmendem Mond* erfolgen, das Feststampfen *bei zunehmendem Mond*, am besten einige Tage vor Vollmond. Als Alternative kommt beim Ansetzen eines Komposthaufens auch die Zeit zwischen Zwillinge und Schütze in Frage. Die Verrottung erfolgt bei Einhaltung dieser Zeiten wesentlich schneller. Zumindest einer der Impulse sollte Beachtung finden.
- Jetzt kann man mit der *Aufschichtung des Komposts* beginnen. Schichten Sie organisches Material und Abfälle locker aufeinander, Schicht um Schicht. Geeignet als Kompostmaterial sind alle verrottbaren Stoffe aus pflanzlichen Abfällen, die keine Schadstoffe enthalten. Auf tierische Abfälle jeglicher Art sollten Sie verzichten, auch die Schalen von Zitrusfrüchten gehören nicht hinein! Äste sollten vorher gehäckselt werden. Kranke Pflanzenteile und Wurzelunkraut gehören nicht auf den Kompost. Ebenso sind nicht alle Küchenabfälle geeignet, der Komposthaufen soll ja kein Müllplatz werden. *Speisereste von Gekochtem etwa haben nichts auf dem Komposthaufen zu suchen!* Speisereste sind keine Küchenabfälle und locken früher oder später unerwünschtes Ungeziefer oder gar Ratten an.
- Auf *Erdtage*, besonders Jungfrau (aber auch Stier und Steinbock), sollte man achten, wenn man biologische Verrottungshilfen (etwa Steinmehl) zugibt. *Kalkzusätze* fördern Humusbildung und gesunde Verrottung.

- Zur Unterstützung des Rottvorgangs kann man auch halb reifen Kompost oder Gartenerde zwischen die einzelnen Schichten mischen. Immer abwechselnd sperrige Materialien einfügen und *bei zunehmendem Mond* einige Male fest treten. Grasschnitt sollte nie zu hoch aufgeschüttet werden, weil es sonst zu Fäulnisbildung kommt (5–10 cm sind genug). Stallmist ist gut geeignet zur zusätzlichen Anreicherung mit Nährstoffen.
- Trockenes Material kann vor dem Aufschichten etwas angefeuchtet werden. Eine Faustregel für das Aufschichten:
  Trockenes Material auf feuchtes. Grobes Material auf feines.
- Guter Kompost hat zwar einen angenehmen Geruch, aber setzen Sie ihn trotzdem nicht direkt neben die Sitzecke des Nachbarn. Mit einer Hecke oder mit Stangenbohnen ist Ihr Kompost gut geschützt.

Wenn Sie diese Regeln beachten, können Sie wunderbaren, reifen Kompost »ernten«, der beste Gartenerde und Dünger abgibt.

Ernten, Lagern und Konservieren

So oft führen Lager- und Konservierungsmaßnahmen zu unterschiedlichen Ergebnissen, obwohl stets die gleichen Reinlichkeitsregeln eingehalten wurden. Bestes Beispiel: Fast jede Hausfrau hat schon erlebt, dass Marmelade bisweilen geöffnet schon nach kurzer Zeit verdirbt, manchmal steht sie wochenlang auf dem Frühstückstisch und schmeckt wie am ersten Tag. Auch geschlossen halten eingeweckte Früchte oder selbstgemachte Marmelade unterschiedlich lange. Vielleicht finden Sie des Rätsels

Lösung, wenn Sie die Regeln für das Ernten und Lagern kennen lernen.

> **Der richtige Zeitpunkt: Die günstigste Zeit für Ernten, Haltbarmachen, Lagern und Einkellern ist die Zeit zwischen Schütze und Zwillinge mit Ausnahme der Fischetage. Ernten und Lagern ist somit weniger von der Mondphase abhängig, sondern vom Tierkreiszeichen, das der Mond gerade durchwandert.**
> **Zum Ernten und Einlagern von Getreide, Gemüse und Kartoffeln sind die Widdertage am besten geeignet.**

Obst und Gemüse stehen zum richtigen Zeitpunkt besser im Saft, er bleibt beim Ernten erhalten und bietet die besten Voraussetzungen für guten Geschmack und Haltbarkeit. *Das Einkochen von Marmelade und Säften* ist ebenfalls zum richtigen Zeitpunkt günstig. Das Obst ist saftiger und auch das Aroma besser. Die Haltbarkeit ist um vieles größer, auf künstliche Geliermittel oder ähnliche chemische Zusätze kann man getrost verzichten (gilt auch für das Einkochen und Einmachen anderer Lebensmittel).

Was an Fische geerntet wird, sollte zum sofortigen Gebrauch bestimmt sein. Diese Tage sind zum Einkellern und Haltbarmachen von Obst und Gemüse generell nicht gut geeignet. Es besteht Fäulnisgefahr, alles bekommt einen faden Geschmack.

Wenn Sie aus Zeitgründen auf andere Termine ausweichen müssen, sollten Sie zumindest darauf achten, den negativsten Einflüssen aus dem Weg zu gehen:

- *Bei zunehmendem Mond* geerntete Garten- und Feldfrüchte sollten möglichst sofort verbraucht werden, wenn nicht der Mond gerade in einem Zeichen zwischen Schütze und Zwillinge steht.
- *Unbedingt meiden* sollten Sie für das Ernten, Lagern und Konservieren die *Jungfrautage*. Eingemachtes

beispielsweise fängt leicht zu schimmeln an. Auch der Krebs eignet sich nicht sonderlich gut.

- *Früchte, Obst und Kräuter, die getrocknet werden sollen, sollten Sie stets bei abnehmendem Mond sammeln und ernten.*
- *Kellerregale* für die Obstlagerung nur *bei abnehmendem Mond* reinigen (bei einem Luft- oder Feuerzeichen). Das hält sie trocken und verhindert Schimmelbildung.

Die Tierkreiszeichen in Garten und Feld

Fruchttag Widder

Sehr günstig:
- Säen und pflanzen von allem, was schnell wachsen soll und zur sofortigen Verwendung bestimmt ist
- Veredeln von Obstbäumen (bei zunehmendem Mond)
- Ernten und einlagern von Getreide

Günstig:
- Setzen und säen von Früchten
- Anbauen von Getreide (bei zunehmendem Mond)
- Düngen von Getreide, Gemüse und Obst (unbedingt bei abnehmendem Mond oder Vollmond, April bis September)
- Ausschneiden von Obstbäumen und -sträuchern (bei abnehmendem Mond)

Wurzeltag Stier

Sehr günstig:
- Säen und pflanzen von Bäumen, Büschen, Hecken und Wurzelgemüse. Alles wächst langsam, wird dauer-

haft, die Erntefrüchte sind besonders zur Vorratshaltung geeignet

Günstig:
- Ansetzen eines Mist- oder Komposthaufens (bei abnehmendem Mond, Mai bis Oktober)
- Bekämpfen von Ungeziefer, das in der Erde vorkommt
- Düngen bei Blumen mit schwacher Wurzelbildung
- Konservieren und einkellern von Wurzelgemüse, z.B. Kartoffeln, Karotten usw.

Blütentag Zwillinge

Sehr günstig:
- Setzen, pflanzen und säen von allem, was ranken soll

Günstig:
- Blumen setzen und säen
- Bekämpfen von Schädlingen
- Zwischendurch düngen bei Blumen, die nicht mehr recht blühen wollen, jedoch nicht zu oft, sonst Gefahr von Läusebefall

Blatttag Krebs

Sehr günstig:
- Setzen und säen von Blattgemüse (bei abnehmendem Mond gesetzt kopft Salat gut!)
- Bekämpfen von oberirdischen Schädlingen

Günstig:
- Rasen mähen (bei zunehmendem Mond noch besser)
- Gießen von Zimmer- und Balkonpflanzen
- Blumen düngen

Ungünstig:
- Pflanzen setzen und säen, die in die Höhe wachsen sollen
- Ausschneiden von Obstbäumen und -sträuchern (bei zunehmendem Mond, besonders im Frühjahr. Krebs im Vollmond ist besonders ungünstig!)
- Einkellern, lagern und konservieren

Fruchttag Löwe

Löwe ist das »feurigste«, austrocknendste Zeichen im ganzen Tierkreis.

Sehr günstig:
- Sammeln von herzstärkenden Kräutern
- Ausschneiden von Obstbäumen und -sträuchern (bei abnehmendem Mond, für den Winterschnitt geeignet)
- Bester Tag zum Getreideanbau (bei zunehmendem Mond) auf feuchten Äckern!

Günstig:
- Rasen ansäen (bei zunehmendem Mond)
- Setzen und säen von Früchten, jedoch nichts, was viel Wasser braucht (Tomaten, Kartoffeln)
- Setzen von leicht verderblichem Gemüse
- Setzen von Bäumen und Sträuchern
- Veredeln von Obstbäumen (bei zunehmendem Mond im Frühjahr)

Ungünstig:
- Verwenden von Kunstdünger
- Unkraut jäten
- Sauerkraut einhobeln (trocknet aus)

Wurzeltag Jungfrau

Die besten Tage für fast alle Arbeiten in Garten, Feld und Wald, die mit Setzen, Umsetzen und neu Einpflanzen zu tun haben.

Sehr günstig:
- Alle Setz-, Pflanz- und Säarbeiten. Die Erde lässt alles schön aufgehen
- Pflanzen von Einzelbäumen, die sehr hoch werden sollen
- Pflanzen von Sträuchern und Hecken, die schnell wachsen sollen
- Verpflanzen alter Bäume (Frühjahr oder Herbst)
- Umtopfen und neu einsetzen von Balkon- und Zimmerpflanzen
- Ansäen von Rasen (bei zunehmendem Mond)
- Setzen von Stecklingen (bei zunehmendem Mond, im Herbst bei abnehmendem Mond)

Günstig:
- Ansetzen eines Mist- oder Komposthaufens (bei abnehmendem Mond)
- Jede Art von Düngung
- Bekämpfen von Ungeziefer, das in der Erde vorkommt
- Zwischendurch düngen bei Blumen mit schwacher Wurzelbildung
- Zaunsäulen setzen
- Mist ausfahren

Ungünstig:
- Kopfsalat pflanzen (schießt ins Kraut)
- Einmachen, einkochen und lagern

Blütentag Waage

Ein neutrales Zeichen, kaum eine Arbeit im Garten wirkt sich an diesem Tag besonders ungünstig oder besonders gut aus.

Günstig:
• Säen und setzen von Blumen und Blütenheilkräutern
• Zwischendurch düngen bei Blumen, die nicht mehr recht blühen wollen

Blatttag Skorpion

Sehr günstig:
• Säen, setzen, auch ernten und trocknen von jeder Art von Heilkräutern
• Schnecken bekämpfen (bei zunehmendem Mond mit Eierschalen)

Günstig:
• Setzen und säen von Blattgemüse
• Rasen mähen
• Zimmer- und Balkonpflanzen gießen
• Düngen von Blumen und Wiesen (nicht so Gemüse)

Ungünstig:
• Ausschneiden von Obstbäumen und -sträuchern (bei zunehmendem Mond, besonders im Frühjahr)
• Bäume fällen (Borkenkäfergefahr)

Fruchttag Schütze

Sehr günstig:
• Setzen und säen von allen Früchten und hoch wachsendem Gemüse (Stangenbohnen, Hopfen etc.)

Günstig:
- Ausschneiden von Obstbäumen und -sträuchern (bei abnehmendem Mond im Frühjahr)
- Getreideanbau, besonders Mais
- Düngen von Getreide, Gemüse und Obst im Frühjahr (unbedingt bei abnehmendem Mond oder Vollmond!)
- Bekämpfen oberirdischer Schädlinge

Ungünstig:
- Hacken und jäten (Unkraut schießt gerne)
- Salat setzen (schießt ebenfalls leicht)

Wurzeltag Steinbock

Sehr günstig:
- Unkraut jäten (bei abnehmendem Mond)
- Gartenwege anlegen

Günstig:
- Pflanzen, setzen und säen von Wurzel- und Wintergemüse
- Roden, Auslichten von Pflanzen, Waldrändern, Hecken (bei abnehmendem Mond)
- Ansetzen eines Mist- oder Komposthaufens (bei abnehmendem Mond)
- Bekämpfen von Ungeziefer, das in der Erde vorkommt
- Zwischendurch düngen bei Blumen mit schwacher Wurzelbildung
- Konservieren und Einkellern von Wurzelgemüse (etwa Sauerkraut einhobeln, bei abnehmendem Mond. Bei zunehmendem Mond verläuft der Gärungsprozess zu schnell)

Blütentag Wassermann

Für fast alle Gartenarbeiten eher ungeeignet. Man sollte sich auf das Notwendigste beschränken. Wassermann ist in Garten, Feld und Wald ein eher unfruchtbares Zeichen.

Günstig:
- Aufhacken zum Jäten, wobei Unkraut zur Verrottung liegen bleiben kann
- Zwischendurch düngen bei Blumen, die nicht mehr recht blühen wollen, jedoch nicht oft wegen Läusebefall

Ungünstig:
- Pikieren, weil die umgesetzten Pflanzen nicht anwurzeln und umfallen

Blatttag Fische

Günstig:
- Setzen und säen von Blattgemüse
- Gießen von Zimmer- und Balkonpflanzen
- Rasen mähen
- Blumen düngen
- Kartoffeln setzen bei abnehmendem Mond (besonders gut, wenn Fische auf den dritten Tag nach Vollmond fällt)

Ungünstig:
- Ausschneiden von Obstbäumen und -sträuchern (bei zunehmendem Mond, besonders im Frühjahr)
- Konservieren, einkellern und lagern. Ernten nur zum sofortigen Gebrauch

IV
Vom richtigen Zeitpunkt in Land- und Forstwirtschaft

Alle Regeln im vorherigen Kapitel sind voll gültig, unabhängig davon, ob Ihr Salat oder Ihre Früchte im kleinen Schrebergarten oder auf hektargroßen Flächen gedeihen. Die Prinzipien der Mondrhythmen lassen sich leicht auf jede Feld- und Plantagenarbeit übertragen. Einige Regeln im Pflanzenbau sind jedoch nur für Land- und Forstwirte von Nutzen, deshalb ist ihnen ein eigenes Kapitel gewidmet.

Für viele »kleine Bauern« ist dieses Wissen sehr interessant und auch praktisch anwendbar. Längst wechseln viele Stadtbewohner und Kunden heute zu gesundem Getreide, gesundem Fleisch und »Milch von glücklichen Kühen«. Wenn sich die Nachfrage weiter wandelt und in Richtung Naturbelassenheit und Gesundheitswert der Produkte geht, wenn die Menschen endlich ehrliche Information suchen über den tatsächlichen Stand der Dinge in der Nahrungsmittelindustrie, dann haben gerade solche Bauern die allerbesten Chancen.

Die Anzeichen einer Wendung zum Besseren mehren sich: Vielen ist klar geworden, dass der Preis der Missachtung natürlicher Rhythmen und Kreisläufe langfristig viel höher ist als der Gewinn durch kurzfristig höhere Erträge in Ackerbau und Viehzucht. Die nordamerikanischen Indianer wussten es von Anfang an:

Erst wenn der letzte Baum gerodet,
der letzte Fluss vergiftet,
der letzte Fisch gefangen,
werdet Ihr feststellen,
dass man Geld nicht essen kann.

Die Regeln, die in diesem Buch vorgestellt werden, lassen sich in der Land- und Forstwirtschaft sicherlich nicht von einem Tag auf den anderen befolgen. Es wird ein langsamer Prozess sein, der aber nur dann in Gang kommt, wenn Wille und Absicht vorhanden sind. Wie groß das Interesse ist, gerade unter den Landwirten, davon haben wir uns in jüngster Zeit schon oft überzeugen können.

Ein Tipp: Reservieren Sie doch einfach eine oder mehrere kleine Anbauflächen und probieren Sie auf diesen Flächen alle Regeln zum Pflanzenbau, die in unserem Buch vorgestellt werden, aus. Vergleichen Sie mit kleinen Flächen, auf denen Sie alles »falsch« machen. Säen Sie beispielsweise Radieschen einmal an einem Blatttag (Krebs, Skorpion, Fische) bei zunehmendem Mond und dann an einem Wurzeltag (Stier, Jungfrau, Steinbock) bei abnehmendem Mond.

Ändern Sie an den übrigen Arbeitsabläufen in Ihrem Betrieb nichts. Und dann hören Sie einfach zu, was diese kleinen Stückchen Erde im Laufe der Jahre zu erzählen haben.

Einfallsreichtum und Zukunftsglauben haben die Landwirtschaft von heute geschaffen, der gleiche Pioniergeist wird die Land- und Forstwirtschaft der Zukunft formen.

Wenn dabei ein wenig mehr Vernunft, Maß und Ziel regiert, wenn die Lektionen der Vergangenheit und Gegenwart gelernt werden, dann kann nicht viel schief gehen.

Die Mondrhythmen in der Landwirtschaft – eine Übersicht

Tätigkeit	Sehr günstig	Günstig	Ungünstig	Sehr ungünstig
Düngen generell	Bei abnehmendem Mond kurz nach Vollmond	Bei abnehmendem Mond	Bei zunehmendem Mond	Bei zunehmendem Mond kurz vor Vollmond
Düngen von Getreide, Gemüse und Obst		Bei abnehmendem Mond in Widder, Löwe oder Schütze	Bei zunehmendem Mond	Bei zunehmendem Mond kurz vor Vollmond
Entwöhnen von Kälbern	Vor Vollmond beginnen und an Vollmond zum letzten Mal trinken lassen		Bei abnehmendem Mond	Bei abnehmendem Mond in Löwe, Krebs oder Jungfrau
Getreideanbau	Bei zunehmendem Mond an Widder, Schütze, Löwe (Löwe nicht auf trockenen Böden!)	Bei zunehmendem Mond	Bei abnehmendem Mond	Kurz vor Neumond
Getreide einlagern	Bei abnehmendem Mond im Widder	Bei abnehmendem Mond, außer in Fische	Bei zunehmendem Mond	Bei zunehmendem Mond in Fische und Krebs

Tätigkeit	Sehr günstig	Günstig	Ungünstig	Sehr ungünstig
Heustock ansetzen	Bei abnehmendem Mond		Bei zunehmendem Mond	Vor Vollmond und Jungfrau
Jauche und Gülle ausfahren	Kurz nach Vollmond	Bei abnehmendem Mond	Bei zunehmendem Mond	Bei zunehmendem Mond kurz vor Vollmond
Stallneubezug	Schütze bis Zwillinge	Montage, Mittwoch, Samstage		Dienstage, Donnerstage und Sonntage
Stallpflege	Bei abnehmendem Mond in Zwillinge, Waage oder Wassermann	Bei abnehmendem Mond	Bei zunehmendem Mond	Bei zunehmendem Mond in Krebs, Skorpion oder Fische
Viehaustrieb	Ideal bei Waage an einem Montag, Mittwoch, Freitag oder Samstag	Während Zwillinge bis Schütze		Löwe und Krebs, Dienstage, Donnerstage und Sonntage
Zaun setzen	Kurz vor Neumond in Steinbock	Bei abnehmendem Mond	Bei zunehmendem Mond	Kurz vor Vollmond

Mondholz

Holz ist ein wunderbarer Stoff. Jahrtausendelang hat er uns Menschen Wärme und Werkzeug, Schutz und Schönheit – durch die Arbeit der großen Holzschnitzer – geschenkt. Die Wälder der Erde, die Quellen dieses Reichtums, zu schützen und zu bewahren ist eine der wichtigsten Aufgaben unserer Zeit. Grund zu Optimismus gibt es glücklicherweise, trotz Waldtöten und Abholzung der Regenwälder: Länder wie Schweden, wo kein einziger Baum fällt, ohne dass ein neuer gepflanzt wird, weltweite Aufforstungen, Anstrengungen der Umweltschützer, die sich allmählich durchsetzen. Der Beitrag, den die Wiederentdeckung und Befolgung der alten Regeln der Waldpflege und des Hoizschlagens zum Unternehmen »Rettung der Wälder« leisten könnte, ist groß. In vielfältiger Weise.

> **Sie können dann nämlich beim Holz auf jeden giftigen Schutzanstrich verzichten oder durch biologische Imprägnierungen ersetzen! Es gäbe keine giftigen Ausgasungen mehr, Holz wäre wieder viel konkurrenzfähiger gegenüber Beton, Stahl und Glas. Was wiederum einen Großteil schädlicher Strahlungen von uns fern halten würde.**

Holz ist ein sehr lebendiger Stoff. Auch nach dem Fällen »lebt« das Holz weiter: Es »arbeitet«, um in der Sprache der Holzfachleute zu sprechen. Je nach Holzart, Jahreszeit und Fällungszeitpunkt im Mondkalender trocknet es schnell oder langsam, bleibt weich oder wird hart, bleibt schwer oder wird leicht, bekommt Risse oder bleibt unverändert, verbiegt sich oder bleibt eben, fault und wurmt oder bleibt vor Schädlingen und Verrottung geschützt. Grundsätzlich gibt es beim Holzfällen – wie auch bei allen anderen Regeln – keine »guten« oder »schlechten« Tage. Der jeweilige Verwendungszweck entscheidet.

Heute werden die Fällungszeiten in Tirol und in vielen anderen Ländern wieder stärker beachtet. Fast alle Menschen, die mit Holzfällen und Holzverarbeitung zu tun haben, wissen, dass der *Winter* im Allgemeinen die beste Zeit zur Holzgewinnung ist. Die Säfte sind abgestiegen, das Holz arbeitet nach dem Schlagen weniger. Darüber hinaus gibt es jedoch eine Vielfalt besonderer Termine, die auf die Holzeigenschaften deutlich merkbare Einflüsse haben. Hier einige Beispiele:

Nichtfaulendes, hartes Holz: Muss während der letzten beiden Tage im März *bei abnehmendem Mond im Fisch* geschlagen werden. Diese Tage kommen nicht jedes Jahr vor. Früher achtete man deshalb besonders auf sie oder schlug das Holz an Alternativtagen: *Das sind Neujahrstag, 7. Januar, 25. Januar, 31. Januar und 1. und 2. Februar.* In diesen sechs Tagen geschlagenes Holz fault und wurmt nicht. An *Neujahr* und von *31. Januar bis 2. Februar* geschlagenes Holz wird zudem mit dem Alter steinhart.

Nichtentflammbares Holz: Am 1. März nach Sonnenuntergang geschlagenes Holz widersteht dem Feuer – unabhängig vom Mondstand und vom Zeichen, das der Mond gerade durchwandert. Eine seltsame, jedoch gültige Regel: Wer sie ausprobiert, wird sie bestätigt finden. Viele Geräte, Hofgebäude, Stadel, Blockhäuser und Almhütten wurden früher aus diesem Holz gebaut, um sie feuersicher zu machen.

Schwundfreies Holz: Solches Holz wird am besten am *St.Thomastag (21.12) zwischen 11 und 12 Uhr* geschlagen. Dieser Tag ist der beste Holzschlagetag überhaupt. Fast ebenso gut eignen sich die Tage bis zum 6. Januar (und der 24. Juni *zwischen 11 und 12 Uhr.*) Nach dem 6. Januar sollte Holz – mit einigen Ausnahmen – während des Winters nur noch *im abnehmenden Mond* geschlagen werden.

Christbäume: Der Tipp für die »stille Jahreszeit«: Tannen drei Tage vor dem elften Vollmond des Jahres geschlagen (meist im November) behalten ihre Nadeln sehr lange Zeit. Auch Fichten nadeln dann nicht, sollten aber bis Weihnachten kühl gelagert werden. Sie verlieren dennoch ihre Nadeln früher als Tannen.

In unserem Buch *Vom richtigen Zeitpunkt* und besonders auch im *Mondlexikon* haben wir unsere Leser umfassend mit den besonderen Rhythmen und Regeln des Holzschlagens zum richtigen Zeitpunkt bekannt gemacht. Sie rechtfertigen sich selbst nur durch das Ergebnis, das ihre Anwendung bringt – also schreiten Sie getrost zur Tat. Bitte vergessen Sie jedoch nicht: **Alle Regeln sind nur dann gültig und wirken erfolgreich, wenn das Holz natürlich trocknen kann, und das mindestens mehrere Monate lang, in manchen Fällen mehr als ein Jahr!**

V

Der Mond als »Helfer« in Haushalt und Alltag

Haushaltsarbeit in Harmonie mit den Mondrhythmen ist leichter und angenehmer auszuführen und verringert damit das ohnehin schon hohe Stressquantum, unter dem viele von uns ächzen. Viele Tipps und Regeln verbergen sich schon in den vorhergehenden Kapiteln (Gesunde Ernährung, Kochen, Kräuterkunde usw.), doch es bleibt immer noch vieles zu sagen und manches zu wiederholen. Gerade im Haushalt kann man die Gültigkeit der Regeln oft sehr schnell beobachten und überprüfen. Es war bereits die Rede davon:

> **Fast alle Hausarbeiten – die ja oft mit Reinigen, Entziehen und »Ausschwemmen« zu tun haben – lassen sich viel erfolgreicher und müheloser bei abnehmendem Mond erledigen.**

Es ist natürlich unmöglich, alle Arbeiten im Haushalt auf den abnehmenden Mond zu schieben und bei zunehmendem Mond nur noch Däumchen zu drehen, doch wenn es Ihnen gelingt, allmählich einen Teil der Arbeitslast auf diese Mondphase zu verlegen, werden Sie überrascht sein über die Wirkung, die schon von geringen Verschiebungen ausgeht.

Die folgende Tabelle (S. 106–109) enthält eine Reihe von speziellen Tipps zur Arbeit im Haushalt und Alltag. Wenn bei einem Hinweis auch noch besondere Tierkreiszeichen angegeben sind, dann soll das nicht heißen, dass sich die Arbeit nur an diesen Tagen lohnt, sondern dass sie dann *besonders gut* gelingt.

103

Von Aufbaumaske bis Zimmer lüften – eine Übersicht

Tätigkeit	Sehr günstig	Günstig	Ungünstig	Sehr ungünstig
Aufbaumasken für die Gesichtshaut	Bei zunehmendem Mond an Lufttagen	Bei zunehmendem Mond	Bei abnehmendem Mond	
Chemische Reinigung	Bei abnehmendem Mond, aber nicht in Steinbock		Bei zunehmendem Mond	Bei zunehmendem Mond in Steinbock
Eingewachsene Nägel entfernen	Bei abnehmendem Mond, nicht in Fische		Bei zunehmendem Mond	Bei zunehmendem Mond in Fische
Eingewachsene Nägel schneiden oder korrigieren	Bei zunehmendem Mond			Bei abnehmendem Mond
Fensterputzen	Bei abnehmendem Mond in Luft- oder Feuerzeichen	Bei abnehmendem Mond	Bei zunehmendem Mond	Vor Vollmond
Fensterrahmen reinigen	Bei abnehmendem Mond in Wasserzeichen	Bei abnehmendem Mond	Bei zunehmendem Mond	Vor Vollmond

Tätigkeit	Sehr günstig	Günstig	Ungünstig	Sehr ungünstig
Frühjahrs- und Herbstputz	Bei abnehmendem Mond in Luft-zeichen	Bei abnehmendem Mond	Bei zunehmendem Mond	Vollmond und Jungfrau
Haar schneiden für gute Fasson und Dauerwellen	Jungfrau			Fische, Krebs
Haar schneiden für kräftigen Haarwuchs	Löwe			Fische, Krebs
Haare waschen	An Löwe und Jungfrau nicht versäumen			Fische, Krebs
Hauttiefen-reinigung durch Maske usw.	Bei abnehmendem Mond im Steinbock	Bei abnehmendem Mond	Bei zunehmendem Mond	Vor Vollmond
Heizung erstmals betätigen (nach Neubau oder im Herbst)	Bei abnehmendem Mond an Widder, Löwe oder Schütze	Bei abnehmendem Mond	Bei zunehmendem Mond	Bei zunehmendem Mond an Wasser-tagen

Tätigkeit	Sehr günstig	Günstig	Ungünstig	Sehr ungünstig
Holzboden- und Parkettpflege	Bei abnehmendem Mond in Luftzeichen	Bei abnehmendem Mond	Bei zunehmendem Mond	Bei zunehmendem Mond in Wasserzeichen
Malern und Lackieren	Bei abnehmendem Mond, nicht an Löwe und an Wassertagen	Bei abnehmendem Mond	Bei zunehmendem Mond	Bei zunehmendem Mond an Löwe oder an Wassertagen
Massagen zur Entkrampfung und Entgiftung, Lymphdrainagen	Bei abnehmendem Mond		Bei zunehmendem Mond	
Massagen zur Regeneration und Aufbau	Bei zunehmendem Mond		Bei abnehmendem Mond	
Nagelpflege	Freitags nach Sonnenuntergang			Samstags
Saisonkleidung verstauen	Bei abnehmendem Mond in Luftzeichen	Bei abnehmendem Mond	Bei zunehmendem Mond	Bei zunehmendem Mond in Erd- oder Wasserzeichen

Tätigkeit	Sehr günstig	Günstig	Ungünstig	Sehr ungünstig
Schimmel-beseitigung	Bei abnehmendem Mond in Luftzeichen	Bei abnehmendem Mond	Bei zunehmendem Mond	Bei zunehmendem Mond in Wasser- oder Erdzeichen
Schuhpflege	Bei abnehmendem Mond		Bei zunehmendem Mond	Bei zunehmendem Mond in Erdzeichen
Waschtag, Problemwäsche	Bei abnehmendem Mond in Wasser-zeichen	Bei abnehmendem Mond	Bei zunehmendem Mond	Bei zunehmendem Mond kurz vor Vollmond
Warzen entfernen	Bei abnehmendem Mond			Bei zunehmendem Mond
Zimmer, Betten und Matratzen lüften	Bei abnehmendem Mond in Luft- oder Feuerzeichen	Bei abnehmendem Mond	Bei zunehmendem Mond	Bei zunehmendem Mond an Wasser-tagen

Ein Wort noch zu den Massagen: Durch Gespräche mit meinem Bruder Georg Koller, der in Bissendorf bei Osnabrück eine Praxis für physikalische Therapie führt und ebenfalls mit dem Mondwissen vertraut ist, weiß ich um die großen Erfolge von Spezialmassagen und ihren Anwendungen. Als Physiotherapeut und Chiropraktiker versucht er schwierige Behandlungen zum richtigen Zeitpunkt auszuführen.

Damit sind wir am Ende angelangt. Unsere Empfehlung: Gleiten Sie im Rhythmus des Mondes durch Körper und Natur und vergessen Sie dabei nicht: Ihre Einstellung und Ihre Gedanken machen Körper und Natur gesund. Nehmen Sie sich die Natur zum Vorbild. Warum sind Wildtiere niemals übergewichtig? Weil sie ihrem *Gespür* folgen.

Wir sind nicht auf der Welt, um zu leiden und zu ertragen. Wir sind hier, um uns an Freude und Liebe zu erinnern. Auf dem Weg dorthin gibt es natürlich Prüfungen. Wozu wäre sonst der freie Wille in unserem Gepäck? Prüfungen – so viel ist sicher – besteht nur der, der aus ihnen mit mehr Lebensfreude und mehr Liebe zu sich selbst und zu den Menschen hervorgeht. Jeder andere hat nicht bestanden. *Noch* nicht! Denn der große Trost ist: Die nächste Prüfung kommt bestimmt. Und die nächste Chance, sich an die Lebensfreude und die Liebe zu erinnern.

Nützen Sie jedes Tierkreiszeichen, mal zum Kräftigen, mal zum Entgiften, mal zum Genießen, mal zum Pflanzen, mal zum Pflegen, mal zum Ernten, dann wird Ihr Umgang mit den Mondrhythmen niemals langweilig und Sie können alle paar Tage neue Abenteuer im Zusammenspiel von Mensch und Natur erleben, bestaunen und genießen.

Für die Zukunft

Alle Regeln in unseren Büchern beziehen ihre Gültigkeit aus der Intuition und Wahrnehmung, nicht aus Willkür, Vermutung, Theorie oder Glauben. Geschärfte Sinne, Wachheit und genaue Beobachtung der Natur und der eigenen Person hat unsere Vorfahren zu »Meistern des richtigen Zeitpunkts« gemacht.

Der Mondstand ist nur ein Uhrzeiger – das Gefühl dafür, was er anzeigt, tragen wir in uns. Unsere Bücher sind letztlich nur eine Hilfe, diese Wahrnehmung wieder zu wecken und Vertrauen zu ihr zu gewinnen, den Mut zu haben, auf sie zu horchen. Das Wissen ist überall auf der Erde gültig und aktuell, doch man muss organisch mit ihm wachsen. Unsere Felder und Böden wie unsere Körper haben sich an so viel Negatives gewöhnen müssen, die Rückkehr zum Natürlichen, zum Einklang mit den Rhythmen der Natur erfordert Zeit.

Die Mondrhythmen können Ihnen jederzeit dienstbar werden, wenn Sie sich mit einer Eigenschaft der Natur vertraut machen: **Sie arbeitet langsam**, in ihrem eigenen Tempo. Sie lässt sich nicht drängen. Wenn Sie diesen Aspekt stets im Auge behalten, wird sich das Wissen um die Mondrhythmen von selbst erschließen.

Dieses Buch ist nur ein Werkzeug, kein Patentrezept. Wie Sie das Werkzeug führen, bleibt ganz allein Ihnen überlassen.

ANHANG

Der Mondkalender – Das einzige Werkzeug

Das Wissen um die Natur- und Mondrhythmen erfordert zu seiner Anwendung als einziges »technisches« Hilfsmittel einen Mondkalender – ein Kalender, der die Mondphasen und den Stand des Mondes im Tierkreis angibt. Sie finden einen solchen Kalender am Schluss dieses Buches beigefügt.

Aus Hunderttausenden von Zuschriften aus aller Welt wissen wir, was die Leser im Zusammenhang mit diesem Kalender besonders interessiert und welche Erfahrungen sie über viele Jahre mit ihm gemacht haben. Diese Erfahrungen können wir in unseren Büchern an Sie weitergeben und damit so manche Frage beantworten, die an uns immer wieder gerichtet wird und vielleicht auch Sie eines Tages bewegt.

Der Mondkalender, der in unseren Büchern enthalten ist, ist nach dem *Mondstand im Tierkreis* berechnet. Alle guten Erfahrungen aus jedem Lebensbereich, die wir in unseren Büchern vermitteln – von der gesunden Ernährung und der weisen Körperpflege über Heil- und Kräuterkunde und biologisches Bauen, Gartenbau, Land- und Forstwirtschaft –, beruhen auf diesem Mondkalender. Er wird seit Jahrtausenden verwendet.

**Bei der Angabe der Neu- und Vollmondzeiten
ist aus verschiedenen Gründen die Sommerzeit
nicht berücksichtigt, unter anderem,
weil sich die Natur nicht nach der Sommerzeit richtet
und weil die günstigen und ungünstigen Tage für den
Aderlass nach dem genauen Zeitpunkt des Neumonds
berechnet werden müssen.**

Wie wir heute wissen, ist der Kalender überall auf der Welt gültig, was den *Stand des Mondes im Tierkreis* betrifft. Wenn der Mond im Tierkreiszeichen Fische steht, dann macht sich die »Fische«-Energie fühlbar – in Alaska und Australien, in Zaire und Zypern. Nur die *Mondphasen* (Voll- und Neumond, zu- und abnehmender Mond) unterliegen der Zeitverschiebung, wobei die Zeitangaben im beiliegenden Kalender an den mitteleuropäischen Raum angepasst sind. Anderswo sollte man die Zeitverschiebung berücksichtigen.

»Warum gibt es heutzutage zwischen den vielen Mondkalendern kleinere Unterschiede?« – diese Frage hat so manchen unserer Leser beschäftigt. Heute wissen wir, dass es dafür in erster Linie drei Gründe gibt:

• Alle Mondkalender wurden fast ausnahmslos nach den gleichen Methoden berechnet, nämlich nach dem *Stand des Mondes im Tierkreis.* Zu allen Zeiten nun war es den Kalendermachern möglich, den Übergang zwischen einem Tierkreiszeichen zum nächsten auf die Minute genau zu berechnen. Nachdem der Mondstand seit Menschengedenken immer nur für ganze Tage angegeben wird, muss man sich entscheiden, welchen »Stich-Augenblick« man wählt. Und hier gibt es im Wesentlichen zwei Möglichkeiten. Wähle ich das Tierkreiszeichen, in dem der Mond um 12 Uhr Mitternacht oder um 12 Uhr Mittag steht? Der Kalender, der unseren Büchern beiliegt, ist nach 12 Uhr Mitternacht berechnet. Das ist die Methode, nach der alle Mondkalender im Laufe der Jahrhunderte berechnet waren, wie wir feststellen konnten.

• Der zweite Grund für die Kalenderunterschiede ist gleichzeitig einer der Hauptgründe dafür, warum das Mondwissen im Laufe der Geschichte immer wieder einmal in Vergessenheit geriet. Zwischen einem Tierkreiszeichen und dem gleichnamigen Sternbild droben am Nachthimmel besteht nämlich ein Unterschied. Die Sternbilder besitzen unterschiedlich große Ausdehnungen, während der gedachte Tierkreis in zwölf genau gleich große 30°-»Kuchenstücke« eingeteilt ist, die mit den Sternbildern nur die Namen gemeinsam haben. So ist beispielsweise das Sternbild Waage nur halb so groß wie das Sternbild Jungfrau.

Hinzu kommt, dass die gültige Berechnung der Tierkreiszeichen immer gleich ist, während der Mond aufgrund der so genannten Präzession wie eine fehlerhafte Uhr etwas »vorgeht«. Das sorgt dafür, dass er im Laufe von 28.000 Jahren einmal durch alle Sternbilder vorgegangen ist und erst in etwa 25.500 Jahren wieder ziemlich genau die gleiche Position einnimmt wie der Mond im Tierkreis.

Deshalb besteht für das geübte Auge ein heute schon merklicher Unterschied zwischen dem astronomischen Stand des Mondes am Himmel und dem Stand des Mondes im Tierkreis, wie ihn die Mondkalender angeben. Aber das war zu allen Zeiten bekannt: Seit Jahrtausenden hatten die Kalendermacher das Wissen und die Chance, diese Abweichung in die Mondkalender mit einzubeziehen. Unsere Vorfahren waren ja große Meister in der Berechnung von Gestirnsständen und Umlaufbahnen. Aus gutem Grund jedoch hatten sie keine Veranlassung, die Berechnungsgrundlagen der Mondkalender zu ändern. Denn nicht der Stand des Mondes am Himmel zählt, sondern die Antwort auf die Frage: Wann herrscht auf der Erde die *Löwe-Energie*, um Getreide in feuchte Böden zu säen? Wann kommt mir die *Steinbock-Energie* zu Hilfe, um Zaunpfosten zu setzen?

Und *diese* Fragen beantwortet der Mondkalender, wie er unseren Büchern beiliegt, und nicht der Stand des

Mondes in den Sternbildern. Die *Praktiker* des Mondwissens haben zu allen Zeiten diesen Kalender verwendet.

- Der dritte Grund für Kalenderunterschiede liegt darin,
dass heute viele Verlage einen Mondkalender heraus-
geben. Dabei wird natürlich viel abgeschrieben und
viel Überflüssiges, Mondmagie, Kochen nach dem
Mond usw. hinzufügt und eben auch der Kalender
verändert. Traurig ist, dass falsche Informationen das
Mondwissen in Verruf bringen können – und das ist
ein viel größerer Schaden als die Verleger und Auto-
ren ahnen. Jeder Tag, der die Wiederbelebung des
Mondwissens hinauszögert, ist ein verlorener Tag auf
dem Weg zu einem harmonischen Miteinander von
Mensch und Natur.

Zusammenfassend: Unsere Bücher sind in erster Linie
als Anregung für die Leser gedacht, nicht als starre »Ge-
setzeswerke«, nach denen man sich richten sollte. Wer
sich fragt, welcher von zwei unterschiedlichen Mondkalendern denn gültig ist, sollte einfach *beide* ausprobieren! Wir haben das in den letzten Jahren immer wieder
selbst getan und bis heute keinen Grund gefunden, unseren Büchern einen anderen Kalender beizulegen oder
unseren eigenen Kalender zu ändern. Solange ein Werkzeug beste Ergebnisse erzielt, wäre es töricht, es auszu-
wechseln. Eine Leserin hat für uns die Frage nach den
Kalenderunterschieden so formuliert:

*»Durch Zufall erfuhr ich, dass manche der vielen
Mondkalender anders berechnet sind als Ihr Mondkalender und dass manche deshalb etwas verwirrt sind.
Das verstehe ich natürlich, aber ich wende Ihren Kalender nun schon sieben Jahre lang an, mit größtem Erfolg
und auch bei zwei schweren Operationen im Verwand-
tenkreis. Ich würde es so sagen: Wenn mir jemand mein*

Traumhaus mit schöner, großer Werkstatt baut, in dem es sich wunderbar leben und arbeiten lässt, dann würde ich doch niemals auf die Idee kommen, dass das Werkzeug, mit dem das Haus errichtet worden ist, nicht von bester Qualität sein könnte.«

Die Paungger & Poppe – Werkstatt

Für das Vertrauen in unsere Arbeit, das aus den zahllosen Zuschriften an uns spricht, möchten wir uns ganz herzlich bedanken. Und gleichzeitig an dieser Stelle um Nachsicht bitten: Jahrelang haben wir alle persönlich beantwortet, weil uns niemand diese Arbeit abnehmen kann, aber die Flut hat uns überrollt. Würden wir es weiterhin versuchen, dann wäre keine Zeit mehr für das, was wir vorhaben: nämlich Bücher zu schreiben für Menschen wie Sie.

Zu den Leserbriefen einige Worte, die vielleicht für Sie von Nutzen sein können:

- Wir schreiben ausschließlich aus persönlicher Erfahrung und die hat ihre Grenzen. Das gilt auch für körperliche Störungen: Wir sind keine Ärzte, und aus der Ferne zu beurteilen, was im Einzelfall hilft oder schadet, dürfen und wollen wir uns nicht anmaßen.

- Zahlreiche Zuschriften erreichten uns mit der Bitte um Angabe der Adressen von guten Rutengehern oder von Heilberuflern, die nach Mond- und Naturrhythmen heilen. Zwar werden es täglich mehr, doch alle, die wir kennen, sind inzwischen hoffnungslos überlastet, weil sie so erfolgreich arbeiten. Es ist so einfach: *Wenn der Arzt Ihrer Wahl nicht auf Ihre Wünsche eingeht, suchen Sie sich einen anderen.* Ein wirklich guter Arzt wird immer alles tun, damit Sie gesund werden und auch bleiben. Wer dagegen ausschließlich nach anstudiertem Wissen und nach Schablonen arbeitet, ist entweder nur am Geldverdienen interessiert oder er ignoriert seine eigene Erfahrung: nämlich, dass Statistiken und auswendig gelernte Schablonen niemals den Einzelfall erfassen.

- Viele Leser fragten uns im Laufe der Jahre immer wieder nach Bezugsquellen für bestimmte Leistungen oder Produkte im Umfeld unserer Arbeit – etwa Kräuter oder Kosmetik. Nach und nach haben wir Partner gesucht und gefunden, um interessierten Lesern weiterzuhelfen. Das große positive Echo, das unser kleiner Versand mit Produkten »vom richtigen Zeitpunkt« gefunden hat, ermutigt uns tagtäglich. Noch schreiben wir keine schwarzen Zahlen, aber es geht langsam aufwärts. Nach wie vor können wir die einzige *Pflege-Kosmetikserie* der Welt anbieten, die frisch nach Bestellung zum richtigen Zeitpunkt zubereitet wird – ohne Lagerhaltung. Erinnern möchten wir an dieser Stelle noch einmal daran, dass die Produkte viel länger haltbar sind als aufgedruckt. Auch auf unsere *Kräuter vom richtigen Zeitpunkt* sind wir stolz.

Wenn Sie sich nun für unsere Kalender, Bücher und Produkte interessieren und stets informiert sein wollen, schicken Sie uns einfach die dem Buch beiliegende Karte oder schreiben Sie uns und fordern Sie kostenlos unseren kleinen Versand-Prospekt an. Adresse siehe Seite 117.

Umweltschutz, Heilkunde, naturgemäßer Hausbau, giftfreier Betrieb von Gartenbau und Landwirtschaft und viele weitere Tätigkeitsfelder waren früher ohne das Wissen um die Mond- und Naturrhythmen gar nicht denkbar. Sich an dieses Wissen zu erinnern gehört zu den wichtigsten Aufgaben von morgen. Unsere Bücher, Kalender und Produkte sind unsere Art und Weise, diese Aufgabe zu erfüllen.

Der Mond im Internet

Den Erfolg der Übersetzung in 21 Sprachen haben wir zum Anlass genommen, Paungger/Poppe auch eine Adresse im *Internet* zu geben: **www.paungger-poppe.com**. Hier finden Sie unsere gelungene Homepage (ein Dank den Programmiererinnen!), erhalten Infos, Leseproben, Vortragstermine und können auch unsere Bücher, Kalender und Produkte direkt bestellen.

Alpha/Omega und Biorhythmus –
Unser Leserservice

Zahlreiche Leser unseres Buches *Alles erlaubt!* haben uns bestätigt, wie wunderbar die unkomplizierte Mondkur wirkt und wie oft sie auch in verzweifelten Fällen geholfen hat. Besonders auffällig war, wie dankbar die Anregungen zum Alpha- und Omega-Typ aufgenommen wurden und für viele zur Offenbarung gerieten. Zum großen Erfolg hat sich deshalb unser Angebot entwickelt, den persönlichen Ernährungstyp für Sie zu ermitteln, anhand eines von uns ausgearbeiteten *Fragebogens*. Wir möchten ihn auch weiterhin anbieten, bitten aber um etwas Geduld bei der Auswertung, weil wir sie ganz persönlich und von Hand erledigen.

Wie wertvoll zudem die Kenntnis der persönlichen Biorhythmen ist, haben wir ausführlich in unserem Buch *Aus eigener Kraft* dargestellt, ebenso wie sie ihn mühelos selbst ausrechnen können. In diesem Zusammenhang bieten wir Ihnen an, Ihren persönlichen Biorhythmus mit integriertem Mondkalender auszurechnen. Sie erhalten ein handgemachtes Din-A4-Heft, das sich übrigens auch als wertvolles und wirklich individuelles Geschenk eignet!

**Johanna Paungger-Poppe
& Thomas Poppe**
Postfach 107
A – 3400 Klosterneuburg /Österreich
E-Mail: TPoppe@compuserve.com
www.paungger-poppe.com

Unsere ganze Arbeit jetzt und in Zukunft richtet sich darauf, den Mut zur eigenen Entscheidung und Verantwortung zu wecken. Den Mut, Problemen wirklich auf den Grund zu gehen, sie von allen Seiten zu betrachten und die Dinge zu Ende zu denken. Kein anderer Mensch, kein »Experte« wird Ihnen jemals diese Aufgabe abnehmen können – auch wir nicht. Wenn unsere Arbeit den Mut dazu geweckt hat, dann freuen wir uns mit Ihnen von ganzem Herzen.

Von Johanna Paungger und Thomas Poppe sind folgende Bücher erschienen:
- *Vom richtigen Zeitpunkt.* Die Anwendung des Mondkalenders im täglichen Leben (Irisiana, Heinrich Hugendubel Verlag, München 2001)
- *Das Mondlexikon* vom richtigen Zeitpunkt (Irisiana, Heinrich Hugendubel Verlag, München 2001)
- *Die Mondgymnastik.* Gesunde Bewegung im Wellenschlag von Mond- und Naturrhythmen (Goldmann, München 2001)
- *Alles erlaubt!* Ernährung, Körperpflege und Schönheit – zum richtigen Zeitpunkt (Goldmann, München 1998)
- *Aus eigener Kraft* (Goldmann, München 1996)
- *Der Mond im Haus* – Renovieren, Hausbau, Holzverarbeitung zum richtigen Zeitpunkt (Goldmann, München 2001)

2002

♈ Widder ♊ Zwilling ♌ Löwe ♎ Waage
♉ Stier   ♋ Krebs   ♍ Jungfrau ♏ Skorpion

Januar

D	1	♌
M	2	♌
D	3	♍
F	4	♍
S	5	♍
S	6	♎ ☾
M	7	♎
D	8	♏
M	9	♏
D	10	♐
F	11	♐
S	12	♐
S	13	♐ ☽ 14.31
M	14	♐
D	15	♑
M	16	♑
D	17	♒
F	18	♒
S	19	♒
S	20	♓
M	21	♓ ☾
D	22	♓
M	23	♈
D	24	♈
F	25	♊
S	26	♊
S	27	♋
M	28	♋ ☺ 23.50
D	29	♌
M	30	♌
D	31	♍

Februar

F	1	♍
S	2	♎
S	3	♎
M	4	♏ ☾
D	5	♏
M	6	♐
D	7	♐
F	8	♐
S	9	♐
S	10	♐
M	11	♑ ☽ 08.41
D	12	♑
M	13	♒
D	14	♒
F	15	♒
S	16	♓
S	17	♓
M	18	♈
D	19	♈
M	20	♈ ☽
D	21	♊
F	22	♊
S	23	♋
S	24	♋
M	25	♌
D	26	♌
M	27	♍ ☺ 23.50
D	28	♍

März

F	1	♎
S	2	♎
S	3	♏
M	4	♏
D	5	♐
M	6	♐ ☾
D	7	♐
F	8	♐
S	9	♐
S	10	♐
M	11	♑
D	12	♑
M	13	♒
D	14	♒ ☽ 03.03
F	15	♈
S	16	♈
S	17	♈
M	18	♉
D	19	♉
M	20	♊
D	21	♊
F	22	♊
S	23	♋
S	24	♋
M	25	♌
D	26	♌
M	27	♍ ☺ 23.50
D	28	♍ ☺ 19.24
F	29	♎
S	30	♎
S	31	♏

April

M	1	♏
D	2	♐
M	3	♐
D	4	♐ ☾
F	5	♐
S	6	♐
S	7	♑
M	8	♑
D	9	♒
M	10	♒
D	11	♓
F	12	♓ ☽ 20.18
S	13	♈
S	14	♈
M	15	♉
D	16	♊
M	17	♊
D	18	♊
F	19	♋
S	20	♋ ☽
S	21	♌
M	22	♌
D	23	♍
M	24	♍
D	25	♎
F	26	♎
S	27	♏ ☺ 04.02
S	28	♏
M	29	♐
D	30	♐

Mai

M	1	♐
D	2	♐
F	3	♐
S	4	♑ ☾
S	5	♑
M	6	♒
D	7	♒
M	8	♒
D	9	♓
F	10	♓
S	11	♓
S	12	♈ ☽ 11.42
M	13	♈
D	14	♊
M	15	♊
D	16	♋
F	17	♋
S	18	♌
S	19	♌ ☽
M	20	♍
D	21	♍
M	22	♎
D	23	♎
F	24	♎
S	25	♏
S	26	♏ ☺ 12.56
M	27	♐
D	28	♐
M	29	♐
D	30	♐
F	31	♑

Juni

S	1	♑
S	2	♒
M	3	♒ ☾
D	4	♒
M	5	♓
D	6	♈
F	7	♈
S	8	♉
S	9	♉
M	10	♊
D	11	♊ ☽ 00.48
M	12	♋
D	13	♋
F	14	♌
S	15	♌
S	16	♌
M	17	♍
D	18	♍ ☽
M	19	♎
D	20	♎
F	21	♏
S	22	♏
S	23	♐
M	24	♐ ☺ 22.42
D	25	♐
M	26	♐
D	27	♑
F	28	♑
S	29	♑
S	30	♒

2002

Symbol	Meaning	Symbol	Meaning	Symbol	Meaning	Symbol	Meaning
♐	Schütze	♒	Wassermann	☾	abnehm. Mond	●	Neumond
♑	Steinbock	♓	Fische	☽	zunehm. Mond	○	Vollmond

Juli

M	1	
D	2	☾
M	3	
D	4	
F	5	
S	6	
S	7	
M	8	
D	9	
M	10	● 11.21
D	11	
F	12	
S	13	
S	14	
M	15	
D	16	
M	17	☽
D	18	
F	19	
S	20	
S	21	
M	22	
D	23	
M	24	○ 10.11
D	25	
F	26	
S	27	
S	28	
M	29	
D	30	
M	31	

August

D	1	☾
F	2	
S	3	
S	4	
M	5	
D	6	
M	7	
D	8	● 20.12
F	9	
S	10	
S	11	
M	12	
D	13	
M	14	
D	15	☽
F	16	
S	17	
S	18	
M	19	
D	20	
M	21	
D	22	○ 23.29
F	23	
S	24	
S	25	
M	26	
D	27	
M	28	
D	29	
F	30	
S	31	☾

September

S	1	
M	2	
D	3	
M	4	
D	5	
F	6	
S	7	● 04.09
S	8	
M	9	
D	10	
M	11	
D	12	
F	13	☽
S	14	
S	15	
M	16	
D	17	
M	18	
D	19	
F	20	
S	21	○ 15.00
S	22	
M	23	
D	24	
M	25	
D	26	
F	27	
S	28	
S	29	☾
M	30	

Oktober

D	1	
M	2	
D	3	
F	4	
S	5	
S	6	● 12.18
M	7	
D	8	
M	9	
D	10	
F	11	
S	12	
S	13	☽
M	14	
D	15	
M	16	
D	17	
F	18	
S	19	
S	20	
M	21	○ 08.19
D	22	
M	23	
D	24	
F	25	
S	26	
S	27	
M	28	
D	29	☾
M	30	
D	31	

November

F	1	
S	2	
S	3	
M	4	● 21.36
D	5	
M	6	
D	7	
F	8	
S	9	
S	10	
M	11	☽
D	12	
M	13	
D	14	
F	15	
S	16	
S	17	
M	18	
D	19	
M	20	○ 02.34
D	21	
F	22	
S	23	
S	24	
M	25	
D	26	
M	27	☾
D	28	
F	29	
S	30	

Dezember

S	1	
M	2	
D	3	
M	4	● 08.38
D	5	
F	6	
S	7	
S	8	
M	9	
D	10	
M	11	☽
D	12	
F	13	
S	14	
S	15	
M	16	
D	17	
M	18	
D	19	
F	20	○ 20.08
S	21	
S	22	
M	23	
D	24	
M	25	
D	26	
F	27	☾
S	28	
S	29	
M	30	
D	31	

2003

Tierkreiszeichen: Widder · Stier · Zwilling · Krebs · Löwe · Jungfrau · Waage · Skorpion

Januar
M	1	
D	2	● 21.26
F	3	
S	4	
S	5	
M	6	
D	7	
M	8	
D	9	☽
F	10	
S	11	
S	12	
M	13	
D	14	
M	15	
D	16	
F	17	
S	18	○ 11.44
S	19	
M	20	
D	21	
M	22	
D	23	
F	24	
S	25	☾
S	26	
M	27	
D	28	
M	29	
D	30	
F	31	

Februar
S	1	○ 11.51
S	2	
M	3	
D	4	
M	5	
D	6	
F	7	
S	8	
S	9	
M	10	☽
D	11	
M	12	
D	13	
F	14	
S	15	
S	16	
M	17	○ 00.49
D	18	
M	19	
D	20	
F	21	
S	22	
S	23	☾
M	24	
D	25	
M	26	
D	27	
F	28	

März
S	1	
S	2	
M	3	● 03.36
D	4	
M	5	
D	6	
F	7	
S	8	
S	9	
M	10	
D	11	☽
M	12	
D	13	
F	14	
S	15	
S	16	
M	17	
D	18	○ 11.32
M	19	
D	20	
F	21	
S	22	
S	23	
M	24	
D	25	☾
M	26	
D	27	
F	28	
S	29	
S	30	
M	31	

April
D	1	● 20.18
M	2	
D	3	
F	4	
S	5	
S	6	
M	7	
D	8	
M	9	
D	10	☽
F	11	
S	12	
S	13	
M	14	
D	15	
M	16	○ 20.35
D	17	
F	18	
S	19	
S	20	
M	21	
D	22	
M	23	☾
D	24	
F	25	
S	26	
S	27	
M	28	
D	29	
M	30	

Mai
D	1	● 13.14
F	2	
S	3	
S	4	
M	5	
D	6	
M	7	
D	8	
F	9	☽
S	10	
S	11	
M	12	
D	13	
M	14	
D	15	
F	16	○ 04.37
S	17	
S	18	
M	19	
D	20	
M	21	
D	22	
F	23	☾
S	24	
S	25	
M	26	
D	27	
M	28	
D	29	
F	30	
S	31	● 05.18

Juni
S	1	
M	2	
D	3	
M	4	
D	5	
F	6	
S	7	☽
S	8	
M	9	
D	10	
M	11	
D	12	
F	13	
S	14	○ 12.18
S	15	
M	16	
D	17	
M	18	
D	19	
F	20	
S	21	
S	22	☾
M	23	
D	24	
M	25	
D	26	
F	27	
S	28	
S	29	● 19.36
M	30	

Legende: Schütze · Steinbock · Wassermann · Fische · abnehm. Mond · zunehm. Mond · Neumond · Vollmond

2003

Juli				August				September				Oktober				November				Dezember			
D	1			F	1			M	1			M	1			S	1		zunehm.	M	1		
M	2			S	2			D	2			D	2	zunehm.		S	2			D	2		
D	3			S	3			M	3	zunehm.		F	3							M	3		
F	4			M	4			D	4			S	4			M	3			D	4		
S	5			D	5	zunehm.		F	5			S	5			D	4			F	5		
S	6			M	6			S	6							M	5			S	6		
				D	7			S	7			M	6			D	6			S	7		
M	7	zunehm.		F	8							D	7			F	7						
D	8			S	9			M	8			M	8			S	8		02.13	M	8		21.37
M	9			S	10			D	9			D	9			S	9			D	9		
D	10							M	10		17.39	F	10		08.29					M	10		
F	11			M	11			D	11			S	11			M	10			D	11		
S	12			D	12		05.49	F	12			S	12			D	11			F	12		
S	13		20.23	M	13			S	13							M	12			S	13		
				D	14			S	14			M	13			D	13			S	14		
M	14			F	15							D	14			F	14						
D	15			S	16			M	15			M	15			S	15			M	15		
M	16			S	17			D	16			D	16			S	16			D	16		abnehm.
D	17							M	17			F	17							M	17		
F	18			M	18			D	18		abnehm.	S	18		abnehm.	M	17		abnehm.	D	18		
S	19			D	19			F	19			S	19			D	18			F	19		
S	20			M	20		abnehm.	S	20							M	19			S	20		
				D	21			S	21			M	20			D	20			S	21		
M	21		abnehm.	F	22							D	21			F	21						
D	22			S	23			M	22			M	22			S	22			M	22		
M	23			S	24			D	23			D	23			S	23			D	23		10.44
D	24							M	24			F	24							M	24		
F	25			M	25			D	25			S	25		13.48	M	24		00.01	D	25		
S	26			D	26			F	26		04.08	S	26			D	25			F	26		
S	27			M	27		18.22	S	27							M	26			S	27		
				D	28			S	28			M	27			D	27			S	28		
M	28			F	29							D	28			F	28						
D	29		07.50	S	30			M	29			M	29			S	29			M	29		
M	30			S	31			D	30			D	30			S	30		zunehm.	D	30		zunehm.
D	31											F	31							M	31		

2004

Widder · Zwilling · Löwe · Waage
Stier · Krebs · Jungfrau · Skorpion

Januar		Februar		März		April		Mai		Juni	
D	1	S	1	M	1	D	1	S	1	D	1
F	2			D	2	F	2	S	2	M	2
S	3	M	2	M	3	S	3			D	3 ☺ 05.18
S	4	D	3	D	4	S	4	M	3	F	4
		M	4	F	5			D	4 ☺ 21.33	S	5
M	5	D	5	S	6	M	5 ☺ 11.59	M	5	S	6
D	6	F	6 ☺ 09.42	S	7 ☺ 00.14	D	6	D	6		
M	7 ☺ 16.37	S	7			M	7	F	7	M	7
D	8	S	8	M	8	D	8	S	8	D	8
F	9			D	9	F	9	S	9	M	9 ☽
S	10	M	9	M	10	S	10			D	10
S	11	D	10	D	11	S	11	M	10	F	11
		M	11	F	12			D	11 ☽	S	12
M	12	D	12	S	13 ☽	M	12 ☽	M	12	S	13
D	13	F	13 ☽	S	14	D	13	D	13		
M	14	S	14			M	14	F	14	M	14
D	15 ☽	S	15	M	15	D	15	S	15	D	15
F	16			D	16	F	16	S	16	M	16
S	17	M	16	M	17	S	17			D	17 ☺ 21.27
S	18	D	17	D	18	S	18	M	17 ☺ 05.52	F	18
		M	18	F	19			D	18	S	19
M	19	D	19	S	20 ☺ 23.42	M	19 ☺ 14.23	M	19	S	20
D	20	F	20 ☺ 10.21	S	21	D	20	D	20		
M	21 ☺ 22.05	S	21			M	21	F	21	M	21
D	22	S	22	M	22	D	22	S	22	D	22
F	23			D	23	F	23	S	23	M	23
S	24	M	23	M	24	S	24			D	24
S	25	D	24	D	25	S	25	M	24	F	25 🌑
		M	25	F	26			D	25	S	26
M	26	D	26	S	27	M	26	M	26	S	27
D	27	F	27	S	28 🌑	D	27 🌑	D	27 🌑		
D	28	S	28			M	28	F	28	M	28
D	29 🌑	S	29 🌑	M	29 🌑	D	29	S	29	D	29
F	30			D	30	F	30	S	30	M	30
S	31			M	31			M	31		

2004

Legend:
- 🏹 Schütze
- ♑ Steinbock
- ♒ Wassermann
- ♓ Fische
- ☾ abnehm. Mond
- ☽ zunehm. Mond
- ● Neumond
- ○ Vollmond

Juli		August		September		Oktober		November		Dezember	
D 1		S 1		M 1		F 1		M 1		M 1	
F 2	○			D 2		S 2		D 2		D 2	
S 3	12.09	M 2		F 3		S 3		M 3		F 3	
S 4		D 3		S 4				D 4		S 4	
		M 4		S 5		M 4		F 5	☾	S 5	☾
M 5		D 5				D 5		S 6			
D 6		F 6		M 6	☾	M 6	☾	S 7		M 6	
M 7		S 7	☾	D 7		D 7				D 7	
D 8		S 8		M 8		F 8		M 8		M 8	
F 9	☾			D 9		S 9		D 9		D 9	
S 10		M 9		F 10		S 10		M 10		F 10	
S 11		D 10		S 11				D 11		S 11	
		M 11		S 12		M 11		F 12	●	S 12	●
M 12		D 12				D 12		S 13	15.23		02.29
D 13		F 13		M 13		M 13		S 14			
M 14		S 14		D 14	●	D 14	●			M 13	
D 15		S 15		M 15	15.24	F 15	03.47	M 15		D 14	
F 16				D 16		S 16		D 16		M 15	
S 17	●	M 16	●	F 17		S 17		M 17		D 16	
S 18	12.20	D 17	02.22	S 18				D 18		F 17	
		M 18		S 19		M 18		F 19	☽	S 18	☽
M 19		M 19				D 19		S 20		S 19	
D 20		F 20		M 20	☽	M 20	☽	S 21			
M 21		S 21		D 21		D 21				M 20	
M 22		S 22		M 22		F 22		M 22		D 21	
F 23				D 23		S 23		D 23		M 22	
S 24		M 23	☽	F 24		S 24		M 24		D 23	
S 25	☽	D 24		S 25				D 25		F 24	
		M 25		S 26		M 25		F 26	○	S 25	
M 26		D 26				D 26		S 27	21.08	S 26	○
D 27		F 27		M 27		M 27		S 28			16.06
M 28		S 28		D 28	○	D 28	○			M 27	
D 29		S 29		M 29	14.12	F 29	04.08	M 29		D 28	
F 30				D 30		S 30		D 30		M 29	
S 31	○	M 30	○			S 31				D 30	
	19.05	D 31	03.24							F 31	

2005

♈ Widder	♊ Zwilling	♌ Löwe	♎ Waage
♉ Stier	♋ Krebs	♍ Jungfrau	♏ Skorpion

Mondphasen: 🌑 Neumond · 🌓 Erstes Viertel · 🌕 Vollmond · 🌗 Letztes Viertel

Tag	Januar	Februar	März	April	Mai	Juni
1	S ♍	D ♏	D ♏	F ♑	S ♒ 🌗	M ♓
2	S ♍	M ♏ 🌗	M ♏	S ♑ 🌗	M ♒	D ♈
3	M ♎ 🌗	D ♐	D ♐	S ♒	D ♓	F ♈
4	D ♎	F ♐	F ♐	M ♒	M ♓	S ♉
5	M ♏	S ♐	S ♑	D ♒	D ♈	S ♉
6	D ♏	S ♑	S ♑	M ♓	F ♈	M ♊ 🌑 22.54
7	F ♐	M ♑	M ♒	D ♓	S ♈	D ♊
8	S ♐	D ♒ 🌑 23.28	D ♒	F ♈ 🌑 21.33	S ♉ 🌑 09.48	M ♊
9	S ♑	M ♒	M ♓	S ♈	M ♉	D ♋
10	M ♑ 🌑 13.01	D ♓	D ♓ 🌑 10.13	S ♉	D ♊	F ♋
11	D ♑	F ♓	F ♓	M ♉	M ♊	S ♌
12	M ♒	S ♈	S ♈	D ♉	D ♋	S ♌
13	D ♒	S ♈	S ♈	M ♊	F ♋	M ♍
14	F ♓	M ♈	M ♉	D ♊	S ♌	D ♍
15	S ♓	D ♉	D ♉	F ♋	S ♌	M ♎ 🌓
16	S ♈	M ♉ 🌓	M ♊	S ♋ 🌓	M ♌ 🌓	D ♎
17	M ♈ 🌓	D ♊	D ♊	S ♌	D ♍	F ♎
18	D ♈	F ♊	F ♊	M ♌	M ♍	S ♏
19	M ♉	S ♋	S ♋	D ♍	D ♎	S ♏
20	D ♉	S ♋	S ♋	M ♍	F ♎	M ♐
21	F ♊	M ♋	M ♌	D ♍	S ♏	D ♐
22	S ♊	D ♌	D ♌	F ♎	S ♏	M ♑ 🌕 05.12
23	S ♋	M ♌	M ♍	S ♎	M ♐ 🌕 21.15	D ♑
24	M ♋	D ♍ 🌕 05.51	D ♍	S ♏ 🌕 11.03	D ♐	F ♒
25	D ♌ 🌕 11.32	F ♍	F ♎ 🌕 21.55	M ♏	M ♐	S ♒
26	M ♌	S ♎	S ♎	D ♐	D ♑	S ♒
27	D ♌	S ♎	S ♎	M ♐	F ♑	M ♓
28	F ♍	M ♏	M ♏	D ♑	S ♒	D ♓ 🌗
29	S ♍		D ♏	F ♑	S ♒	M ♈
30	S ♎		M ♐	S ♑	M ♓	D ♈
31	M ♎		D ♐		D ♓	

Legend: Schütze · Steinbock · Wassermann · Fische · abnehm. Mond · zunehm. Mond · Neumond · Vollmond

2005

Juli

Tag	Datum	Mondphase
F	1	
S	2	
S	3	
M	4	
D	5	
M	6	13.03
D	7	
F	8	
S	9	
S	10	
M	11	
D	12	
M	13	
D	14	
F	15	
S	16	
S	17	
M	18	
D	19	
M	20	
D	21	11.59
F	22	
S	23	
S	24	
M	25	
D	26	
M	27	
D	28	
F	29	
S	30	
S	31	

August

Tag	Datum	Mondphase
M	1	
D	2	
M	3	
D	4	
F	5	04.04
S	6	
S	7	
M	8	
D	9	
M	10	
D	11	
F	12	
S	13	
S	14	
M	15	
D	16	
M	17	
D	18	
F	19	18.53
S	20	
S	21	
M	22	
D	23	
M	24	
D	25	
F	26	
S	27	
S	28	
M	29	
D	30	
M	31	

September

Tag	Datum	Mondphase
D	1	
F	2	
S	3	
S	4	19.43
M	5	
D	6	
M	7	
D	8	
F	9	
S	10	
S	11	
M	12	
D	13	
M	14	
D	15	
F	16	
S	17	
S	18	03.02
M	19	
D	20	
M	21	
D	22	
F	23	
S	24	
S	25	
M	26	
D	27	
M	28	
D	29	
F	30	

Oktober

Tag	Datum	Mondphase
S	1	
S	2	
M	3	11.24
D	4	
M	5	
D	6	
F	7	
S	8	
S	9	
M	10	
D	11	
M	12	
D	13	
F	14	
S	15	
S	16	
M	17	13.18
D	18	
M	19	
D	20	
F	21	
S	22	
S	23	
M	24	
M	25	
D	26	
D	27	
F	28	
S	29	
S	30	
M	31	

November

Tag	Datum	Mondphase
D	1	
M	2	02.24
D	3	
F	4	
S	5	
S	6	
M	7	
D	8	
M	9	
D	10	
F	11	
S	12	
S	13	
M	14	
D	15	
M	16	01.58
D	17	
F	18	
S	19	
S	20	
M	21	
D	22	
M	23	
D	24	
F	25	
S	26	
S	27	
M	28	
D	29	
M	30	

Dezember

Tag	Datum	Mondphase
D	1	15.57
F	2	
S	3	
S	4	
M	5	
D	6	
M	7	
D	8	
F	9	
S	10	
S	11	
M	12	
D	13	
M	14	
D	15	17.17
F	16	
S	17	
S	18	
M	19	
D	20	
M	21	
D	22	
F	23	
S	24	
S	25	
M	26	
D	27	
M	28	
D	29	
F	30	
S	31	04.09

2006

Widder · Stier · Zwilling · Krebs · Löwe · Jungfrau · Waage · Skorpion

Januar
S 1
M 2
D 3
M 4
D 5
F 6 ☽
S 7
S 8
M 9
D 10
M 11
D 12
F 13
S 14 ● 10.49
S 15
M 16
D 17
M 18
D 19
F 20
S 21
S 22 ☾
M 23
D 24
M 25
D 26
F 27
S 28
S 29 ○ 15.14
M 30
D 31

Februar
M 1
D 2
F 3
S 4
S 5 ☽
M 6
D 7
M 8
D 9
F 10
S 11
S 12
M 13 ● 05.44
D 14
M 15
D 16
F 17
S 18
S 19
M 20
D 21 ☾
M 22
D 23
F 24
S 25
S 26
M 27
D 28 ○ 01.30

März
M 1
D 2
F 3
S 4
S 5 ☽
M 6
D 7
M 8
D 9
F 10
S 11
S 12
M 13 ● 00.34
D 14
M 15
D 16
F 17
S 18
S 19
M 20
D 21
M 22 ☾
D 23
F 24
S 25
S 26
M 27
D 28
M 29 ○ 11.15
D 30
F 31

April
S 1
S 2
M 3
D 4
M 5 ☽
D 6
F 7
S 8
S 9
M 10
D 11
M 12
D 13 ● 17.39
F 14
S 15
S 16
M 17
D 18
M 19
D 20
F 21 ☾
S 22
S 23
M 24
D 25
M 26
D 27 ○ 20.44
F 28
S 29
S 30

Mai
M 1
D 2
M 3
D 4
F 5 ☽
S 6
S 7
M 8
D 9
M 10
D 11
F 12
S 13 ● 07.51
S 14
M 15
D 16
M 17
D 18
F 19
S 20 ☾
S 21
M 22
D 23
M 24
D 25
F 26 ○ 06.25
S 27
S 28
M 29
D 30
M 31

Juni
D 1
F 2
S 3
S 4 ☽
M 5
D 6
M 7
D 8
F 9
S 10
S 11 ○ 19.04
M 12
D 13
M 14
D 15
F 16
S 17
S 18 ☾
M 19
D 20
M 21
D 22
F 23
S 24
S 25 ● 17.05
M 26
D 27
M 28
D 29
F 30

☽ Schütze	♒ Wassermann	☾ abnehm. Mond	● Neumond
♐ Steinbock	♓ Fische	☽ zunehm. Mond	☺ Vollmond

2006

Juli

S	1	
S	2	
M	3	☽
D	4	
M	5	
D	6	
F	7	
S	8	
S	9	
M	10	
D	11	☺ 04.01
M	12	
D	13	
F	14	
S	15	
S	16	
M	17	☾
D	18	
M	19	
D	20	
F	21	
S	22	
S	23	
M	24	
D	25	● 05.30
M	26	
D	27	
F	28	
S	29	
S	30	
M	31	

August

D	1	
M	2	
D	3	
F	4	
S	5	
S	6	
M	7	
D	8	
M	9	☺ 11.52
D	10	
F	11	
S	12	
S	13	
M	14	
D	15	
M	16	☾
D	17	
F	18	
S	19	
S	20	
M	21	
D	22	● 20.09
M	23	
D	24	
F	25	
S	26	
S	27	
M	28	
D	29	
M	30	
D	31	☽

September

F	1	
S	2	
S	3	
M	4	
D	5	
M	6	
D	7	☺ 19.41
F	8	
S	9	
S	10	
M	11	
D	12	
M	13	
D	14	☾
F	15	
S	16	
S	17	
M	18	
D	19	
M	20	
D	21	
F	22	● 12.45
S	23	
S	24	
M	25	
D	26	
M	27	
D	28	
F	29	
S	30	☽

Oktober

S	1	
M	2	
D	3	
M	4	
D	5	
F	6	
S	7	☺ 04.13
S	8	
M	9	
D	10	
M	11	
D	12	
F	13	
S	14	☾
S	15	
M	16	
D	17	
M	18	
D	19	
F	20	
S	21	
S	22	● 06.14
M	23	
D	24	
M	25	
D	26	
F	27	
S	28	
S	29	☽
M	30	
D	31	

November

M	1	
D	2	
F	3	
S	4	
S	5	☺ 13.59
M	6	
D	7	
M	8	
D	9	
F	10	
S	11	
S	12	☾
M	13	
D	14	
M	15	
D	16	
F	17	
S	18	
S	19	
M	20	● 23.17
D	21	
M	22	
D	23	
F	24	
S	25	
S	26	
M	27	
D	28	☽
M	29	
D	30	

Dezember

F	1	
S	2	
S	3	
M	4	
D	5	☺ 01.24
M	6	
D	7	
F	8	
S	9	
S	10	
M	11	
D	12	☾
M	13	
D	14	
F	15	
S	16	
S	17	
M	18	
D	19	
M	20	● 15.00
D	21	
F	22	
S	23	
S	24	
M	25	
D	26	
M	27	☽
D	28	
F	29	
S	30	
S	31	

Im Heinrich Hugendubel Verlag von
Johanna Paungger und Thomas Poppe erschienen:

Vom richtigen Zeitpunkt
Die Anwendung des Mondkalenders im täglichen Leben

216 Seiten, Festeinband,
ISBN 3-88034-690-9

Der Bestseller Vom richtigen Zeitpunkt hat Millionen von Lesern das uralte Wissen um die Bedeutung der Mondrhythmen wieder nahe gebracht. Ausführlich beschreiben Johanna Paungger und Thomas Poppe darin den Einfluss des jeweiligen Mondstandes auf Wirkung und Erfolg alltäglicher Aktivitäten: von Heilkunde und Gesundheit über Ernährung und Haushalt bis zu Garten- und Feldarbeit.

Das Mondlexikon
Vom richtigen Zeitpunkt

360 Seiten, Festeinband,
ISBN 3-7205-2117-6

Das Handbuch für das Leben mit dem »richtigen Zeitpunkt«: alles Wissenswerte rund um den Mond und alle Tätigkeiten, die vom richtigen Zeitpunkt profitieren, in alphabetischer Reihenfolge: Von A wie Abbeizen über D wie Düngen und F wie Fensterputzen bis Z wie Zahnarztbesuch. Mit zahlreichen Tipps und Tabellen ein unentbehrliches Nachschlagewerk.